법과 인간 사이 1

법과 인간 사이 1

초판 1쇄 발행 2025년 6월 10일

지은이 박정인
펴낸이 장길수
펴낸곳 지식과감성#
출판등록 제2000-000081호

교정 한장희
디자인 오정은
편집 오정은
검수 이주희, 정윤솔
마케팅 김윤길

주소 서울시 금천구 벚꽃로298 대륭포스트타워6차 1212호
전화 070-4651-3730~4
팩스 070-4325-7006
이메일 ksbookup@naver.com
홈페이지 www.knsbookup.com

ISBN 979-11-392-2652-2(04810)
값 15,000원

· 이 책의 판권은 지은이에게 있습니다.
· 이 책 내용의 전부 또는 일부를 재사용하려면 반드시 지은이의 서면 동의를 받아야 합니다.
· 잘못된 책은 구입하신 곳에서 바꾸어 드립니다.

지식과감성#
홈페이지 바로가기

법과 인간 사이 1

박정인

머리말

무차스 그라시아스!

글은 세상에서 가장 힘이 세다. 법학을 인생의 동반자로 삼은 지 25년이 되었다. 많은 사람들이 법학은 판사, 변호사, 검사의 것이라고만 생각한다. 하지만 그보다 더 많은 사람들이 좋은 법을 만들기 위해 노력하고 있다. 나 역시 좋은 법을 만드는 한 부분이 되고 싶었고 구스타프 라드부르흐가 법은 정의롭고, 합목적적이며 법적 안정성을 가져야만 한다며 악법은 법이 아니라고 했듯이 우리 헌법재판소가 따르는 목적의 타당성, 방법의 적절성, 법익의 균형성, 최소 침해성과 같은 법이 법다운 법이어야 한다는 기준을 여러 분야에서 제대로 적용되기를 바라는 마음으로 법학과 함께 걸어왔다.

이 글은 2020년 여름부터 법에 대해 쓰던 생각들을 한번 모아 본 글들이다. 또한 수많은 방황 속에서 나다운 법학자의 길을 가고자 내 자신과 약속하는 다짐이기도 하다.

불교에서 이 세상 모든 것은 잠시 형체가 있는 것으로 보이지만 사실은 아무 형체도 없는 존재라고 말한다. 나 역시 이 글에 매이지 않고 새로운 지식이 나타난다면 또 새로운 깨달음으로 나아갈 것을 믿는다.

2009년 8월에 박사학위를 받던 날 위원장님은 "이제 시작이네"라고 말씀하셨다. 이제 어렴풋이 그 말이 어떤 말인지 이해할 수 있을 것 같다. 개인의 존재는 그 자체로 누군가의 좋고 싫은 판단 대상이 아니라 사회와 어떤 소통을 하는가에 따라 모습이 달라지는 존재이다.

영원한 모습이란 처음부터 존재하지 않는 것인지도 모른다.

"그대 불멸을 꿈꾸는 자여, 시작은 있었는데 끝은 없으라 말하는가. 왜 너의 공허는 반드시 채워져야 한다고 생각하는가. 처음부터 그것은 텅 빈 채로 완성되어 있었는데"라는 노랫말처럼 어느 날 나에게 법학이 찾아왔듯 어느 날 나를 법학이 떠나가더라도 평생 법과 동반한 나의 소중한 날들을 기억하기 위해 이 책을 엮어 보았다.

나는 법과 연결되어 있는 피노키오처럼 아니 나의 몸과 영혼 그 자체가 법의 일부가 되고 싶다. 아무리 공부해도 군더더기 없는 매끈한 도자기와 같이 균열 하나 없는 법이 될 수는 없겠지만, 더 나아가 더운 날 계곡에서 느껴지는 청량감과 추운 날 모닥불이 주는 따뜻한 온기가 있는 법이 되도록 노력하고 싶다.

그리하여 모차르트 같은 법은 아니지만 클레멘티 같은 법학자가 되고 싶다. 물론 모차르트는 지금 들어도 촌스럽지도 않고 경건하거나 너무 격식을 강요하는 곡이 없다. 18세기 모든 음악가들의 꿈은 황제의 후원을 받는 음악가, 궁중 음악가였던 것 같다. 음악인들의 신분이 대부분 하인이었다는 점을 미루어 볼 때 모차르트가 콜로라도 대주교의 후원을 떠나 프리랜서로서 황제의 눈에 들기 위해 했던 노력들은 궁중음악이 당시 음악 중 메인 음악이었기 때문일 것이다. 그러고 보면 음악가의 신분은 예나 지금이나 어딘가에 소속되어 안정적으로 지내면서 작사, 작곡에 전념하고 싶은 욕구가 절실한가 보다. 법학도 다르지 않다. 어떻게든 법학자들은 행정기관과 입법기관, 사법기관에 도움이 되는 사람이 되고자 한다. 그러나 그에 앞서 어느 대학 교수, 어느 기관의 연구원과 같이 소속되어 안정적으로 일관성을 가지고 연구하고자 하는 욕구도 그대로이다. 법학자들에게 공공기관은 다양하지만 당시 빈의 요제프 황제는 모든 뛰어난 음악가가 궁중만을 바라보게 하고 창작욕을 불태우게 했다. 이때 클라우, 클레멘티, 체르니, 모차르트, 하이든, 베토벤 등 수많은 음악가들이 음악들을 이 황제에게 쏟아 냈다. 그중에서도 무치오 클레멘티는 뛰어난 연주가이면서 작곡가이고 노년에는 악보 출판업과 악기 제작업 등의 사업으로 부유하게 살았던 자이다. 그리하여 클레멘티 소나타를 듣다 보면 모차르트에게는 없는 풍요로움이 있다. 1781년, 25세의 모차르트와 29세의 클레멘티가 요제프 황제 앞에서 붙었던 음악 경연 대회는 당시에 빈뿐만 아니라 유럽 전반에서 가장 큰 관심거리였다.

당시 요제프 황제는 클레멘티의 음악이 듣고 싶어서 이 경연 대회를 열었다는 설이 가장 유력하다. 두 사람은 다양한 형식의 즉흥 연주를 하였고 클레멘티의 즉흥 연주에서 황제가 경연 대회를 마무리하자 평생 클레멘티를 모차르트는 질투했다고 한다. 그와 같이 모차르트는 권력자들이 좋아하는 음악인은 아니었던 것 같다. 예를 들어 당시에 볼프강만큼이나 재능 있는 프리랜서 음악가였던 누나, 나넬 모차르트에게 모차르트는 클레멘티 소나타와 같은 경박한 소나타를 연습하지 말라고 서신을 보내기도 하고, 베토벤이 클레멘티를 존경하며 클레멘티의 소나타로 주로 기교 연습을 하고 클레멘티에게 영국 독점 악보 출판권을 주겠다고 하자 베토벤을 저주했다고도 한다. 그러나 모차르트 본인도 「마술피리」의 서두 부분을 클레멘티의 소나타의 멜로디에서 차용하여 명백한 표절로 당시 지적받았다고 한다. 클레멘티의 소나타는 바르고 경쾌하며 얼굴에 바람을 느끼게 해 주는 정다운 멜로디로 구성되는데 당시 클레멘티를 많이 의식한 모차르트가 클레멘티풍의 협주곡을 만들었다고 지적받기도 했다고 한다.

모차르트는 표절 시비가 걸렸던 「마술피리」 작곡 후 얼마 되지 않아 35세의 나이로 세상을 떠났기 때문에 클레멘티는 이를 더 이상 문제 삼지 않았다고 하지만, 우리는 모차르트가 더 유명하기 때문에 클레멘티의 소나타에 대해서는 별로 들으려 하지 않는 경향이 있다.

그러나 클레멘티는 당시 필요한 음악을 만들면서 오래 살았고 음악계의 변화를 지켜봤다. 나 역시 클레멘티와 같이 모차르트에게는 없는 안정감과 서정성, 여유로움을 가지고 법학을 계속 공부하고 싶다. 평균대 위에서 떨어질 것 같은 법률을 지지해 주는 오랜 지지대로서 분쟁의 해결 기준인 법 역시 인간의 피조물로서 인간을 치유할 수 있다는 확신이 내게는 있기 때문이다.

이 책이 나오는 데 도움을 준 단국대 대학원 컴퓨터학과 오성택 대학원생과 항상 좋은 책을 만들어 주시는 지식과감성#에게 감사한다.

2025. 봄날의 햇살 속에서

목차

머리말 ………………………………………………………… 5

공연의 순기능 살릴 「공연법」 전면개정 시급하다 …………………… 13
『소설 6월 10일』의 페르소나, 이 시대의 이정훈은 누구일까? …………… 19
공연계 자립 막는 비영리 공연 보상금 규정 부재 "「저작권법」 손질해야" ……… 24
극작가의 번역권과 개작권, 출처명시권을 반환하라 ………………… 29
국가가 먼저 교과용도서 상연료 보상금 기준을 연구하여 제시해야 한다 ……… 33
상연과 상영 구별하고 국가가 먼저 비영리 공연 상연료 지급해야 한다 ………… 36
「고전음악진흥법」 제정의 필요성 ① …………………………… 43
  – "모든 음악은 평등하며 클래식은 국가의 긴급 도움이 절실하다"
「고전음악진흥법」 제정의 필요성 ② …………………………… 50
  – 클래식 공연과 전통예술, 대중예술과의 관계
「고전음악진흥법」 제정의 필요성 ③ …………………………… 56
  – 클래식 공연계의 대관계약·출연계약·협찬수익계약·해외라이선싱계약의 문제점과 개선 방향
「고전음악진흥법」 제정의 필요성 ④ …………………………… 63
  – 온라인 공연콘텐츠 제작 시 클래식에이전시가 고려해야 할 점
「고전음악진흥법」 제정의 필요성 ⑤ …………………………… 67
  – 「고전음악진흥법」 제정과 필요한 정책과제
공유저작물 이용활성화 정책을 전면 되짚어야 한다 ………………… 70
문화영향평가제도의 삭제를 요청한다 …………………………… 75
출산장려 정책보다 문화적 상대주의 수용하는 다문화 지원 정책 필요하다 ……… 78
뮤지컬 영상으로 중국 진출하는 제작사 대표님들의 불법복제 걱정에 대하여 …… 82
「저작권법」 내 퍼블리시티권 도입을 반대하며 …………………… 86
문화재 지킴이 법적 지위 제정 방향 ① …………………………… 93
  – 문화재 관련 법제 현황과 문제점

문화재 지킴이 법적 지위 제정 방향 ② ·················· 97
　- 「헌법」과 국가의 책무

「공연법」 개정 통한 공연 영상화유통자율심의제도 법적 근거 필요성 ① ········ 103
　- 공연계의 두 가지 고뇌

「공연법」 개정 통한 공연 영상화유통자율심의제도 법적 근거 필요성 ② ········ 108
　- 국가가 중심 잡고 협의체 구성해야

소비자 보호를 위해 홈쇼핑 송출수수료 제한이 필요하다 ·················· 112

현대미술에서 창작자는 누구인가 ·················· 115

「미술품 유통지원법」 제정의 불씨를 되살리자 ·················· 120

사라진 신문 구독, 플랫폼의 뉴스 지식재산 이용료 정산이 필요하다 ············ 125

신문 기사 지식재산의 공정한 수익분배를 위한 법적보호 ·················· 130

산업보안 ① ·················· 136
　- 영업비밀제도와 특허제도로 정말 충분한가?

산업보안 ② ·················· 139
　- 코스비 사건과 암스트롱 사건이 우리에게 경고하는 것

산업보안 ③ ·················· 142
　- 삼성과 애플 기술전쟁이 시장에 주는 교훈

산업보안 ④ ·················· 146
　- 폴라로이드와 코닥이 운명공동체로 함께했다면

산업보안 ⑤ ·················· 149
　- 냅스터와 그록스터, 기술혁신을 위협하는 것은 경영태도이다

산업보안 ⑥ ·················· 153
　- 스마트폰 시장, 더 많은 제조사가 시장에 진입하려면

산업보안 ⑦ ·················· 157
　- PCI 코어 소스프로그램 유출 사건

산업보안 ⑧ ·················· 162
　- 글로벌 기업은 실패했으나 다양한 식음료 포문을 열었던 카페베네

산업보안 ⑨ ·················· 166
　- 랩서스 갱단과 같은 해킹그룹이 NFT를 노린다

산업보안 ⑩ ··· 170
　- 공급망 공격에 대응하는 기업의 자산 보호 방향

산업보안 ⑪ ··· 175
　- 낮아지는 해커 검거율, 산업보안전문인력 고용 지원 법제화가 필요하다

산업보안 ⑫ ··· 178
　- 산업기술과 국가핵심기술 정의에 대한 입법적 고민이 필요하다

산업보안 ⑬ ··· 182
　- 사이버 안보의 헌법적 가치 실현을 위한 기본법 제정이 필요하다

산업보안 ⑭ ··· 184
　-「산업기술보호법」이 규정한 산업기술보호인력 양성에 대한 적극적 지원이 필요하다

산업보안 ⑮ ··· 187
　- 해커의 양면성 감안한 법령의 체계정당성 확보 필요하다

산업보안 ⑯ ··· 191
　- 가상인간 앞에서 인간을 돌아보며 인간의 룰은 인간이 결정해야

산업보안 ⑰ ··· 195
　- 스팸메일 관련 법제의 입법개선을 촉구한다

산업보안 ⑱ ··· 199
　- 메타버스 보안 위협, 일상의 피난처로 볼 수 없다

산업보안 ⑲ ··· 203
　- 합리적인 비밀관리를 위한 산학연계 산업보안컨설팅 확대가 필요하다

산업보안 ⑳ ··· 207
　- IT기술 앞에서 법은 처분할 수 없는 가치를 지킬 의무가 있다

「무현, 두 도시 이야기」가 던지는 화두 "진짜 민주주의는 무엇일까?" ············ 210
마리아로사 달라 코스따『페미니즘의 투쟁』, 여자를 되돌아보다 ················· 214
"죽음 앞에 우리는 평등하다" 일깨워 준 김상철 감독의「부활」···················· 220
「아홉 스님」이 주는 육바라밀을 통한 인간으로의 소임 ···························· 227
간 회귀본능에서 '용서와 소통의 세계'를 읽다, 선욱현 작가의「돌아온다」······ 233

공연의 순기능 살릴 「공연법」 전면개정 시급하다

흔히 예술은 고통을 잘 견디는 방법을 알려 주기 때문에, 인문학은 삶을 어떻게 살면 되는지 방법을 알려 주기에 영혼의 양식이라고들 한다. 그중에서도 공연은 현장예술이기 때문에 그 파급효과가 고스란히 전해지고 관객도 일부 협조하면서 하나의 예술로 탄생하는 '공감과 소통의 현장 예술'이라 하겠다. 주고받는 콘텐츠가 대중예술이든 클래식이든 상관없이 공연이 끝난 뒤 사람들은 모두 하나가 되는 일치감과 공감에 다음 회기 공연을 다시 기약하며 떠나게 된다.

이영미 교수의 『동백아가씨는 어디로 갔을까』를 굳이 인용하지 않더라도, 과거의 공연에서처럼 심각한 검열은 사라졌지만 현재에도 자본주의 팽배로 인한 빈익빈 부익부 문제라는 화산의 재가 공연업계 관계자들의 어깨에도 그대로 하얗게 내려 있는 것은 피할 수 없는 현실이고 미래의 공연계를 예상할 수 있는 부분이다.

이미 상당 부분의 공연들은 사라진 지휘자와 실연자들을 그리워하며 유튜브 영상에서나 볼 수 있고 차기 공연계 스타 자리에 서는 사람들은 극소수에 불과해지고 있다.

이 같은 문제 아래에 공연은 「부정청탁 및 금품 등 수수의 금지에 관한 법률」로 인해 협찬이 줄어들기 시작하여 초대권을 중심으로 했던 무료 유인책이 서서히 사라져 갔고, 국가는 대관 지원 사업과 같은 최소한의 장소 제공 사업 등 다양한 공연 지원 사업을 포기하고 방방곡곡 사업으로 일원화했다.

그사이, 대학로 1만 원 서민연극들은 물이 바짝 줄아들어 서민들이 즉흥적으로 공연을 볼 수 있는 방법은 빠르게 사라져 가고 있다. 거리예술과 축제도 줄어들더니만 급기야 코로나19로 인하여 공연장에 오는 인구가 대폭 줄면서 공연업계는 이미 팔린 티켓도 띄어 앉기를 요구하는 사회적 거리두기 아래 환불을 강요받고 있다.

우리나라에서 우수하게 연마한 국악중·고등학교, 한국예술종합학교, 한국전통문화대학교 등 실력이 좋은 연주가와 문화기술자들은 국내 작은 에이전시와 계약을 체결하지 않고 해외 에이전시와의 계약으로 계속 빼앗기고 있다. 심지어는 해외 공연단 소속이 되어 다시 한국에서 일하는 방식으로 한국 공연 근로 환경을 비웃고 있으며, 그 자리를 영상과 대중 예술이 가득 채워 공연을 보호하고자 하는 자구책에 대해서는 아무도 관심이 없다.

이는 법에서도 고스란히 느껴진다. 「영화 및 비디오물의 진흥에 관한 법률」이 해를 거듭하며 조문이 두꺼워지는 한편 현재 「공연법」은 총 43조로 구성되어 있으나 5장이 아예 존재하지 않아(17조에서 30조가 삭제되어 있음) 이가 빠진 본론이 없는 형국이다.

또한 공연예술진흥기본계획 규정 외에는 건질 만한 규정이 없고, 그러한 시책으로는 공연예술 통합 전산망과 공연장 등록, 무대 안전 진단 3가지 내용 외에는 알맹이도 없을 뿐 아니라, 공연업계 표준계약서는 최근 들어 기술 스태프 표준계약서만이 재정비되었을 뿐 출연과 창작계약서는 시대에 떨어져 사용할 수 없다는 지적이 많다.

공연업계에 대해 정부는 체질 개선을 위해 자생하라고 하지만 대관과 프로그램 비용을 대는 정부가 대다수 극장과 프로그램을 장악하고 있는 우리나라 체계에서 공연의 사전 검열 규정만 삭제하면 민주화된 공연예술 환경이라고 할 수는 없다. 특히 정부가 말하는 극장과 계약, 재단과의 계약이라는 사적 합의의 개선은 정부의 문화재단과 공공극장별 약관 개선이 전제되어 있어야 하고 국민의 세금을 전제로 한 만큼, 이는 「공연법」 개선에서 이루어져야 한다.

국내 근로환경 질 저하는 그대로 우수한 예술가와 문화기술자를 해외로 빼앗기는 결과만을 가져오고 이용자 유인책에 대해서는 전혀 생각하지 않으니 공연을 여전히 보는 행위 한 가지로만 이해하고 있다. 이는 이용자의 하는 행위도 끌어들일 수 있는 문화예술 교육체계에 있어 공연의 지위를 명확히 하지 못함이 큰 문제라 할 것이다.

무엇보다도 예술인경영지원센터 내 클래식이나 발레, 국악에이전시 실무자들을 위한 공연예술 경영교육이 부재하고, 후원이나 협찬받는 부분에 대해 세금이나 법령으로 안전하다는 불안감 해소가 없는 한, 공연계가 가지는 기근과 자본의 불유입, 관심 유입을 통한 공연 활성화라는 난제 해결은 상당히 어려운 게 현실이다.

엎친 데 덮친 격으로 공연 티켓의 가격이 양극화를 달리다 보니, 공정가격 논의가 채 끝나기도 전에 밀녹(공연물을 몰래 영상물로 녹화하여 권리가 없음에도 판매하는 행위)과 광고를 해 주겠다는 접근 아래 방송권이나 공중송신권을 탈취하고 유튜브 등 다양한 영상을 송출하는 등 이면상 공연제작자를 울리는 합의들이 증가하고 있어 공연계의 다양한 의사소통을 위한 실험에 큰 방해가 되고 있다.

무엇보다도 공연업계의 가장 많은 형태는 협찬의 대가로 받는 초대권이었는데 3만 원의 제한에 걸려 티켓값은 자꾸 떨어지는 데 비해 협찬은

줄고 있으니 심히 한국의 공연 자체가 다양한 실험은커녕 위기에 섰다고 해도 과언이 아니다.

　특히나 클래식 업계는 은행·카드사를 중심으로 하여 클래식 공연 협찬 비용의 30~50%를 티켓으로 환산받아 고객 초청이나 거래처 접대에 사용해 왔다. 그러나 초대권을 받는 이들 중 「청탁금지법」 적용 대상이 상당수 포함될 수 있어 티켓 제공이 자칫 법 위반으로 이어질 수 있다는 우려에 기업들은 극도로 몸을 사리는 것이다.

　모든 공연 제작비를 티켓 유료 판매 합법화에만 맞추는 경우, 가격은 턱없이 올라갈 수 있고 인터파크 티켓과 같이 공연계의 중개수수료 공룡이 등장하여 이용자는 어떻게 해도 중개수수료를 뜯기게 된다. 결국 공연 제작자에게 그 어떤 이익도 돌아가지 않는, 예술에 기여하지 않은 플랫폼 사업자의 배만 불려 주게 될 것이다.

　이러한 공연중개업자의 약관 불공정 심사와 함께 공연업계를 통해 번 돈은 다시 공연업계로 투자하지 않으면 안 되는 순환투자 규정을 「공연법」에 두는 것을 생각해 볼 때가 된 것이다.

　게다가 공연계의 소식을 들을 수 있는 잡지도 자꾸 줄어들어 클래식 업계는 그나마 유일하게 『객석』이라고 하는 잡지만이 쓸쓸히 공연 정보를 배달하며 모든 적자를 버텨 내고 있는 실정이다.

　한국메세나협회가 메세나(기업이 문화예술활동에 자금이나 시설을 지원하는 활동) 활동을 하는 기업 80곳을 대상으로 한 설문조사 결과에 따르면, 「청탁금지법」 시행 이후 '기업과 예술계 간의 협력 활동이 위축될 것'이라고 답한 곳은 70.8%였다. 응답자들은 그 이유로 막연한 심리적 위축(52.9%), 관계자 초청 등 공연 티켓 활용도 저하에 따른 메세나 활동의 실제적 필요성 감소(37.3%), 접대비 및 홍보비 등 관련 예산 삭감(9.8%) 등을 꼽았다.

대중공연 및 뮤지컬 업계도 덩달아 눈치를 보고 있어 공연업계가 누리는 연말 특수도 제대로 누리지 못한 지 오래되었다는 게 공연계의 이야기이다. 물론 유료 관객 수를 늘려 위기를 극복하려는 노력도 보인다. 최근 예술의 전당에서는 악보 좌석이라고 하여 시야를 가리는 좌석은 판매가 잘되지 않는데 이러한 좌석도 악보를 볼 수 있도록 만들어 적극적인 판매 마케팅에 나섰다.

특히 기존 'R-S-A-B-C' 순의 좌석 등급 정책을 'R-S-A-B'로 변경하여 S석에는 과거 A석에 가까운 가격을, A석에는 B석에 가까운 가격을 책정함으로써 유료 관객 비율을 높이는 등 티켓 가격에 대한 활발한 고민이 계속되고 있다. 이를 계기로 기업들이 후원의 대가로 과도하게 티켓을 요구하는 문화가 사라질 수 있을 것이라는 목소리도 있다. 하지만 기업의 직원이 보든 일반 국민이 티켓값을 내고 보든 공연은 계속되어야 한다.

공연계의 고질적인 문제점을 해소하고 개선하여야 할 것이 「공연법」 측면에서만 이뤄져야 할 것은 아니다. 불가항력에 대한 국제적 이해 부족으로 인해 도산과 파산을 거듭하고 있는 국내 에이전시의 계약 지원을 위한 교육과, 「저작권법」상 비영리 공연에 대한 몰이해 해소와 같은 굵직굵직한 법제 개선도 요구되고 있다.

우리는 이 시점에서 국민이 다양하고 저렴한 가격으로 여가를 활용하는 데 공연을 선택하게 할 수 있는 모든 방법을 강구해야 한다. 정말 국가와 공연계가 고민했는지, 공연의 순기능을 잊은 채 공연업계를 혹시 잊은 건 아니었는지 되돌아볼 필요가 있다.

국가는 타법 개정으로 당연히 개정되는 「공연법」이 아니라 공연문화의 체질 개선과 우리 공연가의 법적 보호를 위한 진짜 고민을 시작해야 한다. 공연의 순기능을 살릴 수 있는 진정한 방향으로「공연법」전면개정에 착수할 것을 촉구한다.

메가경제, 2020. 6. 18.

『소설 6월 10일』의 페르소나, 이 시대의 이정훈은 누구일까?

우리는 망각의 시대에 살고 있다.

마치 어제는 칼을 갈기 위하여 강가로 갔고 오늘은 칼을 버리기 위하여 강가로 가고 있으며 내일은 칼을 강가에 버렸는지조차도 잊어버리기 일쑤인 그런 망각 말이다.

하지만 살기 바빠 잊고 있었던 푸른 한강 강물은 여전히 깊고 서늘하다. 그 강물 안에는 여기저기 상처 난 칼자국이 이 땅에 서려 있기 때문이다.

『소설 6월 10일』은 이제 너무 많은 강물이 지나가 강 하류에 홍수로 떠내려온 나뭇가지들 옆에 앉아 평생 가슴속에 숨겨 두었던 칼을 꺼내어 다시 사람들에게 칼이 있었음을 보여 주고 싶어 한 작가의 본심이 눈부신 겨울 햇살에 칼처럼 빛나는 이야기이다.

『소설 6월 10일』은 6.10 민중항쟁의 주역들이 어떤 일을 겪고 무슨 생각을 했었는지, 시대를 넘어 그들의 삶과 가치를 반추하게 만든다.

이제 우리는 작가의 페르소나인 이정훈의 시선을 따라 어제 무엇을 먹었는지 누구를 만났는지도 가끔은 헛갈리는 망각의 시대에 잊지 말아야 할 사건이 있음을 다시 상기하여야 한다.

우리가 살고 있는 지금, 망각을 해도 좋은 이 순간을 만든 사건, 6.10 민중항쟁의 주역들에게 우리는 마음의 빚을 가져야 하기 때문이다.

『소설 6월 10일』은 바로 우리가 잊지 말아야 할 6월 민주항쟁에 대한 이야기이다.

자신의 젊음을 바치면서 대한민국의 민주주의를 위하여 애쓴 우리 선배들의 눈물과 피땀이 지금 이 시대에 들어서는 그들도 기성세대가 되어 변했다고 젊은 세대에게 평가받지만, 그들이 어떤 일을 겪은 세대인지 이해하기 위하여 반드시 읽어야 할 필독 소설이다.

물론 시대의 소음들로 인하여 민주항쟁의 주역들도 나이의 때를 탔을 것이다. 하지만 그런 사람들은 소수에 불과하다.

여전히 그들 대다수는 어제처럼 6.10 민주항쟁의 아픔을 간직하고 무엇을 먹었는지 누구를 만났는지 잊혀도 좋은 기억 사이에서 강물 깊이 빠져 있는 칼을 떠올린다. "원하는 것은 무엇이건 될 수가 있어 아아 우리 대한민국" 노래를 들으며 당장이라도 눈물을 쏟으며 아직 이 사회에 남겨 놓은 민주주의의 숙제를 위해 더 많은 공유, 더 많은 연대에 대해 어깨동무하고 소리 지를 수 있으며 다시 모일 수 있는 힘을 가진 세대이다.

이제 그들의 머리에 서리가 내리고 얼굴에 주름이 깊어 갈 때 다시 초심으로 돌아가 대한민국의 민주주의를 다시 논의하고자 하는 첫눈, 첫 발자국 같은 이 소설은 호흡도 빠르고 주는 메시지도 강렬하다.

"박종철 고문살인 조작 은폐규탄 및 호헌철폐 국민대회"가 있었던 1987년 6월 10일을 기념하는 이 소설은 이정훈이라는 주인공을 중심으로 그의 시위 전술 "택"에 따라 시위를 주동했던 학생들과 노동자들의 이야기로 전개된다.

호흡도 빠르고 전개도 빠르며 상황의 대비도 극명하다. 하지만 작가는 소설에 나오는 모든 사람들에게 이름을 나누어 주고 한 명도 빠짐없이 모두 소중하게 불러 준다.

시위대를 진압하는 경찰도, 시위대를 밀고하여 자신의 안위에 가져다 사용하는 사람도, 이 소설에서는 누구 하나 조연이라고 볼 수 없다.

분열과 통합의 이데올로기에 앞서 작가는 그들이 모두 우리의 친구이고 같은 시대를 사는 평등함의 입장에서 함께하는 존엄한 인간임을 강조하는 것이다.

인생에 정답이 있을까. 주변 환경이 주는 굴곡을 피하여 몸을 낮추고 나이를 모두 채워 죽는 것만이 진정한 완성된 삶이라는 진리는 그 어디에도 없다.

"파쇼 정권 타도하고 민중공화국 수립하자!"라고 호소하며 시너를 뒤집어쓴 이정훈이 살을 에는 듯한 겨울바람 속에 생애 마지막 호흡을 내뱉으며 불길에 사라져 갈 때, 앵커는 방송에서 "가난한 가정 형편을 비관해 왔으며 최근에는 여자 친구와 헤어지면서 극심한 신경쇠약에 시달려 왔다."라고 당해 사실을 왜곡하여 일반인에게 전달한다.

입은 있되 진실한 혀가 없었던 그 사회에 살았던 모든 사람이 동등한 피해자라고 작가는 말하고 싶은 것이다.

그렇다면 지금은 다를까? 문제를 인식하여 사람들이 정말 종식시키고 싶은 의지가 있다면 인간이 스스로 해결하지 못할 문제가 없을 것이다.

하지만 사회의 단면을 접근하는 지식의 깊이와 내용이 다르고 스스로 결과를 두고 생각하는 힘이 약해질 때 파쇼 시대는 다시 되돌이표처럼 우리 앞에 와 있을 것이라고 작가는 경고하고 있다.

그리하여 비록 칼을 강물에 던져 다시는 그 칼이 더 이상 증오가 아닌 미소이고 분노가 아닌 웃음이라고 생각할 수 있겠으나 정보와 지식이 불균형하게 분배되고 권력을 가진 자가 누군가를 자신의 도구로 생각하는 우를 범하면 소설 속 이정훈처럼 스스로 가지 않으면 안 되는 인간의 길을 몸소 보여 주어야 하는 것이다.

인생에는 정답이 없다. 하지만 세상을 혼자서는 바꿀 수 없다. 이정훈과 같이 무엇인가가 잘못되었다는 메시지를 모든 것을 다하여 보여 줄 수는 있다.

하지만 모래알을 그저 모으기만 해서 바위가 되는 것이 아니다. 모래를 단단하게 만들 사회에 대한 관심과 관념 연대할 미래가 있어야 한다.

현대인들이 망각의 시대에 삿대도 없고 돛대도 없이 배를 타고 망망대해를 건너듯 인생을 살아가고 있는 지금, 『소설 6월 10일』은 새벽에 내린 흰 눈 위에 시를 쓰듯이 민중항쟁 세대가 만들어 놓은 민주주의의 꿈이 제대로 실현된 나라에 우리가 살고 있는지 반문한다.

꿈이 없는 시대는 절망의 시대이고 한 개인의 인생에는 정답이 없고 꿈이 없는 것이 개인의 탓일지 모르지만 한 세대가 꿈을 포기하지 않도록 미래가 없는 죽은 사회가 되지 않도록 다시 뒷걸음치지 말고 앞으로 가야 한다는 소설이다.

작가는 민중항쟁 세대의 주역이기도 하지만 KBS 미디어 프로듀서이기도 하다. 저작권의 빈익빈 부익부를 견제하여 이에 대한 균형으로 정보와 지식을 물려주고 나누자는 영상물 공유 운동을 이끄는 셀수스 협동조합의 일원이기도 하다.

불안과 망각의 시대, 우리가 진짜 꿈꾸는 민주주의에 대해 청사진을 제시하기 전에 한 사람의 희생이 아니라 우리가 되어 이 시대의 꿈을 공유할 때 반드시 일독하여야 할 필독서라 생각된다.

"Verumtamen oportet me hodie et cras et sequentu die ambulare."
(오늘도 내일도 그다음 날도 계속해서 우리는 우리의 길을 가야 한다.)

메가경제, 2020. 6. 19.

공연계 자립 막는 비영리 공연 보상금 규정 부재
"「저작권법」 손질해야"

　인류가 향유해 온 문화는 기술의 발전과 함께 다양한 분야로 확산돼 왔다. 과거에는 문학과 미술, 연극과 음악회, 무용극에 한정되어 있었던 문화 향유의 장르가 상상하지 못했던 기술의 발전으로 영화·방송·게임이라는 새로운 문화 향유의 장르를 생성했다. 그러나 여전히 고전적 예술의 가치로서 연극은 관객과 직접 소통하는 상연의 방식을 강점으로 내세워 변함없는 사랑을 받았다.

　국내 연극의 역사는 오래됐지만 그 역사와 달리 연극과 관련한 법률관계에 대한 성숙도나 정책의 성숙은 다른 문화 장르보다 부족하다.

　단적인 예로 영화의 경우는 「영상진흥기본법」을 비롯해 「영화 및 비디오물의 진흥에 관한 법률」 제99조를 통해 업계의 거대한 요구를 담고 있을 뿐만 아니라, 「저작권법」 내에도 영상 제작자의 권리 규정을 비롯해 공중송신권을 보호하기 위한 여러 방식의 노력이 있고, 영화 상영관에서의 도촬 금지 등의 규정을 통해 매우 적극적으로 영화 산업과 영화저작물을 보호하고 있다.

　그러나 공연의 경우는 「공연법」 규정이 현재 제43조에 불과하며 상연료를 요구할 수 있는 권리신탁단체나 변변한 조합조차 아예 존재하지 않을 뿐만 아니라, 「저작권법」 제29조 제1항의 '비영리 공연'이라는 규정으로 인해 공연료(상연료)에 대한 존중이 매우 희박한 상태이다.

게다가 「저작권법」 제25조 '학교교육목적 등에의 이용'에 있어서도 공연료에 대한 보상금 규정이 빠져 있어 국가조차도 비영리 연극 공연료에 대한 최소한의 예의조차 차리고 있지 못한 것이 현실이다.

'극작가'(劇作家)는 연극의 상연을 위해서 쓰이는 희곡을 창작한 사람을 의미한다. 「문학진흥법」에서도 희곡을 시, 소설, 수필, 평론과 함께 문학의 5대 장르로 규정하고 있다.

희곡은 배우의 연기를 위해 쓰인 문학 작품이자 등장인물들의 행동이나 대화를 기본 수단으로 하여 표현되는 예술 작품의 일종이다.

희곡은 분명 문학의 한 갈래이지만 공연예술인 연극의 대본이 되기도 한다. 희곡은 극작가가 문자를 통해서 자신의 사상과 감정을 표현한 「저작권법」상의 '각본'에 해당하기 때문에 어문저작물로서 보호되며, 이를 창작한 극작가는 저작자로서의 지위가 인정된다.

극작가는 어문저작물의 저작자로서 일반 작가의 지위에서 복제, 출판권과 같은 권리도 가지지만 복제, 상연권이라는 권리 역시 가지게 된다.

현재 희곡은 문학의 5대 장르에 속하지만 대부분의 극작가가 출판을 하는 것은 아니므로 궁극적으로 극작가의 지위는 공연을 허락하고 공연료를 받는 형식을 통해 수익을 창출한다고 이해돼야 한다.

대법원 판례는 「친정엄마」 사건에서는 극작가에 대한 권리를 원저작자와 각본 각색자를 모두 한 작품의 공동 저작자로 보는 방식으로 극작가가 될 수 있는 범위를 포괄적으로 이해하여 접근하기도 했고, 「사랑은 비를 타고」 사건에서는 공연 내 저작물이 분리될 수만 있다면 각각 저작재산권 행사를 해도 무방하다고 공연의 결합저작물 특수성을 수용해 공연제작자의 배타적 지위를 인정하지 않기도 했다.

극작가의 가장 큰 권리 중 하나가 앞서 말한 바와 같이 자신이 창작한 희곡에 대한 출판권과 공연권이라 하겠다.

「저작권법」 제17조에는 저작자가 그의 저작물을 공연 허락할 권리를 가진다고 규정하고 있다. 하지만 현실적으로 극작가가 창작한 희곡을 제3자가 무단으로 이용하더라도 이를 인지하는 것은 쉽지 않다. 설령 이를 인지한다고 하더라도 「저작권법」 제29조 제1항 규정으로 인해 그 규제가 쉽지 않다.

「저작권법」 제29조는 제1항에서 "영리를 목적으로 하지 아니하고 청중이나 관중 또는 제3자로부터 어떤 명목으로든지 반대급부를 받지 아니하는 경우에는 공표된 저작물을 공연 또는 방송할 수 있다. 다만, 실연자에게 통상의 보수를 지급하는 경우에는 그러하지 아니하다."라고 규정해 비영리 목적의 공연과 방송을 인정하고 있다.

이 규정을 정리하면 연극 저작물의 비영리 공연은 세 가지 요건을 충족해야 한다.

첫 번째 요건은 공표된 저작물의 비영리 목적 이용일 것, 두 번째는 반대급부를 받지 않을 것, 세 번째는 실연자에게 통상의 보수를 지급하지 아니할 것을 의미한다.

이 경우 두 번째 요건인 '반대급부를 받지 않을 것'이라는 조건은 직접적인 영리 목적만이 아니라 간접적으로라도 영리적 목적을 가지고 있는 경우를 포함하는 것으로 본다.

예를 들어 무료 연극 공연이라고 하더라도 선전용 연극 공연이었다면 영리성이 있다고 할 수 있다. 젊은 대학 연극제 등과 같이 대학에서 하는 연극 공연을 한데 모아서 볼 수 있게 하면서 국가 지원금으로 장소를 지원받거나 관객들에게 입장료를 받았다면 더 이상 비영리 연극 공연이라고 볼 수 없다.

자선 목적이라고 하고 입장이 자유로운 가운데 연극을 했다고 하더라도 보통 때 후원을 해 온 후원 회원만을 초청한 행사와 같이 감사와 대가의 뜻이 들어 있다면 결코 비영리 연극이라는 두 번째 요건을 충족했다고 볼 수 없다.

또한 교회가 크리스마스 연극을 제공하면서 바자회에서 물건을 판매하고 있었다면 연극을 유인책으로 하여 물건을 판매하는 것이므로 이 역시 두 번째 요건을 충족한 것으로 보지 않는다.

세 번째 요건인 '실연자에게 통상의 보수를 지급하지 아니할 것'에 대해서도 자의적 해석이 많다.

이러한 규정을 둔 것은 실연자(연기자, 가수 등)에게 보수를 줄 수 있다면 저작재산권자에게도 당연히 저작물 사용료를 지급해야 하는 것이 형평성 있는 일이기 때문에 자유이용을 허용할 필요가 없다는 취지로 볼 수 있다.

물론 연출료와 배우의 출연료 등 '통상의 보수'와 관련한 해석에서는 교통비, 식대 정도 지원한 것으로만은 통상의 보수를 준 것이라고 볼 수는 없고, 과도한 교통비와 식대는 일정한 보수로도 볼 수도 있을 것이다.

회사 연극 동아리가 자선 공연을 한 경우 회사의 월급이 통상의 보수에 해당한다고 볼 수 없는 것은 맞지만, 직업적 연극 극단이 자선 공연의 목적으로 공연을 했고 자선 공연 목적의 회차에는 보수를 산정하지 않았다고 하더라도 직무의 연장으로 연극을 했다면 이는 포괄적으로 통상적인 보수를 받은 것이다.

그러나 '비영리'라는 의미를 두 번째 요건과 세 번째 요건인 '반대급부'와 '통상보수'를 혼동해 아예 극작가의 공연 허락을 받지 않는 것이 현실이다.

이 규정은 어디까지나 인간의 행동의 자유를 과도하게 해치지 않도록 저작권자에게 미치는 영향이 적은 일정한 행위에 대해 저작권을 제한한다는 취지로 입법됐다. 그러나 관객의 입장에서는 비영리라고 하더라도 이미 연극의 내용을 다 알게 되면 또다시 영리 공연을 찾아 보지 않는 것이 사실이다.

또한 같은 취지로 입법된 개방된 장소에 항시 전시되어 있는 미술저작물의 전시 규정의 경우는, 「저작권법」 제35조 제2항에서 복제를 허용하면서도 전시권과 2차적 저작물 제한을 명확하게 단서로 제한하는 규정을 두어 '복제권'조차도 제한하고 있다.

특히 「저작권법」 제29조 제1항의 규정은 저작재산권 제한 규정인 만큼 이에 대한 대응으로 보상금 지급에 대한 의무가 마땅함에도 이에 대해 전혀 규정하고 있지 않다. 이는 일반인들로 하여금 극작가의 저작권 침해를 당연시하게 하는 규정으로 인식하게 함으로써 극작가들 사이에서는 좌절감과 정신적 스트레스를 주는 커다란 요인이 되고 있다.

지금이라도 저작재산권 제한 규정인 비영리 공연 규정에는 보상금 제도를 두는 것이 마땅하며 극작가의 희곡 창작을 존중하지 않는 방식의 「저작권법」은 재고돼야 할 것이다.

메가경제, 2020. 6. 25.

극작가의 번역권과 개작권, 출처명시권을 반환하라

「저작권법」 제36조는 '번역 등에 의한 이용'이라는 조문명 아래 "제24조의2, 제25조, 제29조, 제30조 또는 제35조의3에 따라 저작물을 이용하는 경우에는 그 저작물을 번역·편곡 또는 개작하여 이용할 수 있다."라고 규정하고 있다.

"저작자는 그의 저작물에 대하여 배타적인 번역권을 가진다."라는 것은 저작권의 국제적 보호를 목적으로 체결된 베른협약의 8조가 규정한 기본 원칙이다.

베른협약 제11조는 번역권이나 복제권의 중요성만큼이나 극작가와 작곡가에게는 공연권이 생명처럼 소중하다는 점을 인정해 "연극, 악극, 음악저작물의 저작자들은 어떠한 수단 또는 방법이든지 불문하고, 그들의 저작물을 공연하거나 그 공연을 공중에게 전달하는 것을 허가할 배타적인 권리를 가진다."라고 규정하고 있다.

또한 이 협약 제11조의3에서는 "어문저작물의 저작자들은 어떠한 수단 또는 방법에 의하든지 불문하고 그들의 저작물을 공중 앞에서 낭송하는 등의 공개 낭독권을 가진다."라고도 규정하고 있다.

우리나라 「저작권법」은 공연권을 제한하고 예외적으로 인정하는 형태를 취하고 있다. 비영리 공연에 대한 극작가의 번역권과 개작권의 제한은 베른협약 등 국제조약에 위반할 소지가 높다.

이와 같이 극작가에게 자신의 저작물인 희곡을 번역할 수 있는 권리와 희곡을 각색할 수 있는 개작허락권은 저작재산권의 문제이기도 하지만, 동일성 유지권과 같은 저작인격권의 적극적 침해행위이다.

특히「저작권법」제38조는 "이 관 각 조의 규정은 저작인격권에 영향을 미치는 것으로 해석되어서는 아니된다."라고 규정하고 있으므로「저작권법」제36조와 제38조는 상충된다.

어디까지나 베른협약, TRIPs(무역관련 지적재산권에 관한 협정), WCT(세계지적소유권기구 저작권조약), WPPT(세계지적소유권기구 실연·음반조약) 등 국제조약은 각국의 입법 형성권에 있어 저작권 제한이나 예외 사유와 관련하여 일종의 안전장치로서 3단계 테스트를 요구하고 있는 만큼,「저작권법」제36조의 비영리 공연에 대한 극작가의 번역권과 개작권의 제한은 이를 위반할 소지가 높은 것으로 보인다.

3단계 테스트는 저작물의 통상적 이용과 충돌하지 않을 것, 권리자의 합법적 이익을 부당하게 해하지 않을 것, 일부 특별한 경우일 것을 의미한다.

그런데 공연권의 허락에 있어 번역권과 개작권을 허용하는 부분은 저작물의 통상적 이용에 해당할 뿐 아니라 권리자의 합법적인 이익을 저작재산권뿐만 아니라 저작인격권 측면에서 침해하고 있다. 어떠한 일부 특별한 경우에 허용한다는 단서 규정 없이 번역권과 개작권이「저작권법」제36조에 포괄적으로 규정되어 있기 때문이다.

원칙적으로 공연권을 제한하고 예외적으로 인정하는 형태의 이러한 국내 입법 형식은 권리 제한이 광범위하므로 3단계 테스트에 부합하지 못하여 한미 자유무역협정(FTA) 위반과 국제조약에 위배될 가능성이 높다.

일본, 영국, 독일, 노르웨이 등 대부분 선진국은 종교 행사 등 극히 일부 비영리 목적일 경우에만 허가를 통해 권리를 제한하고 있고 아예 제36조와 같이 폭넓은 범위의 개작을 허락하는 사례는 아예 존재하지 않는다.

다음으로 「저작권법」 제37조 제1항은 "이 관에 따라 저작물을 이용하는 자는 그 출처를 명시하여야 한다. 다만, 제26조, 제29조부터 제32조까지, 제34조 및 제35조의 2의 경우에는 그러하지 아니하다."라고 규정하고 있다.

저작재산권 제한 사유에 해당하여 자유 이용이 인정된다고 하더라도 가급적이면 이용하는 저작물의 출처는 표시하는 것이 바람직하다. 이것은 저작자인 극작가의 저작인격권의 보호뿐만 아니라 영리적으로 공연을 하려는 제작자나 배타적 발행권자, 출판권자 등의 이익을 위해서도 필요한 일이라고 할 것이다.

특히 출처명시의무는 성명 표시권과 밀접한 관련성이 있으며, 법 제36조에 의하여 번역, 개작조차 자유로울 뿐만 아니라 출처 표시에 있어서도 하지 않아도 된다는 이 조항 제1항의 단서는 극작가의 권리에 대한 과도한 침해라고 보지 않을 수 없다.

물론 성명 표시권은 「저작권법」 제12조에 규정되어 3년 이하의 징역이나 3천만 원 이하의 벌금에 처하거나 이를 병과할 수 있도록 규정하고 있고, 출처명시의무는 제37조에 규정되어 저작자의 명예훼손과 관계없이 500만 원 이하의 벌금에 처하도록 규정하고 있다.

그러므로 비영리 공연을 하는 자가 출처 표시 의무는 하지 않더라도 성명 표시권을 침해했다면 법 제38조에 따라 「저작권법」 제12조에 근거한 처벌은 가능하다. 그러나 극작가의 입장에서는 출처 명시를 하지 않으면 매번 해당 연극을 관람하지 않고서는 자신의 희곡이 어디에서 어떻게 개작되어 이용되고 있는지 자체를 아는 것이 불가능하다.

출처 명시는 저작물의 이용 상황에 따라 합리적이라고 인정되는 방법으로 하여야 하는 것이므로 반드시 연극 공연 내에서 출처 표시를 할 필요는 없다. 하지만 홍보물 자체에도 출처 명시를 할 필요가 없다고 「저작권법」이 규정하고 있는 것은 저작권자 입장에서 과도한 권리의 침해라 할 것이다.

그러므로 극작가에게 번역권과 개작권을 다른 일반 권리자와 동일하게 돌려주고 출처 명시를 명확히 할 수 있도록 법 개정이 이루어져야 한다. 그래야 극작가가 자신의 불합리한 처우를 피하기 위하여 영화계나 만화계 스토리작가 등 다른 산업으로의 이직을 매일 고심하게 하는 안타까운 환경에서 벗어날 수 있을 것이다.

메가경제, 2020. 7. 2.

국가가 먼저 교과용도서 상연료 보상금 기준을 연구하여 제시해야 한다

"특별법에 따라 설립되었거나 「유아교육법」, 「초중등교육법」 또는 「고등교육법」에 따른 학교, 국가나 지방자치단체가 운영하는 교육기관 및 이들 교육기관의 수업을 지원하기 위하여 국가나 지방자치단체에 소속된 교육 지원 기관은 그 수업 또는 지원 목적상 필요하다고 인정되는 경우에는 공표된 저작물의 일부분을 복제·배포·공연·전시 또는 공중 송신할 수 있다. 다만, 저작물의 성질이나 그 이용의 목적 및 형태 등에 비추어 저작물의 전부를 이용하는 것이 부득이한 경우에는 전부를 이용할 수 있다."
「저작권법」 제25조 제2항은 이렇게 규정하고 있고 그에 따른 보상금은 복사전송권협회를 통해 저작권자에게 분배하고 있다. 이 규정은 교육의 목적인 공공성을 충실히 달성하기 위하여 일정한 경우에 보상금 지급을 조건으로 저작재산권을 제한하는 규정이다.

그런데 구체적으로 수업목적 범위의 저작물 이용 보상금 기준과 수업목적 지원 범위의 저작물 이용 보상금 기준에서 종량 방식이든 포괄 방식이든 상연료의 기준은 빠져 있다. 같은 공연료 중 영상저작물의 상영료는 지급하는 반면 연극저작물의 상연료는 연구되지 않고 있다. 이는 교육 목적이라고 하더라도 연극의 경우에만 법 제29조 제1항 비영리 공연으로 확장 해석한 것으로 볼 수 있다.

지적재산권에 관한 국제조약인 베른협약은 제9조 제2항에서 복제권의 3단계 테스트 규정을 두고 있는데 이것은 전 세계가 저작권 입법에 있어서 일반 원칙으로 받아들여지고 있다. 저작권자의 권리 제한과 관련해 특별한 경우에 한해 저작물의 복제 허용을 동맹국의 입법에 유보하고는 있지만, 그러한 복제는 저작물의 '통상적인 이용'(normal exploitation)과 충돌하지 아니하여야 하며, 저작자의 '합법적인 이익'(legitimate interests)을 부당하게 해치지 않고 특정한 경우에만 한하여야 한다는 것이다. 이는 무역 관련 지적재산권에 관한 협정인 TRIPs 협정 제13조에도 그대로 규정되었다.

베른협약은 3단계 테스트 외에도 '경미한 예외 원칙'(minor exceptions doctrine)이라는 것을 인정하고 있다.

베른협약 제11조는 "연극·악극 및 음악 저작물의 저작자는 어떠한 방법이나 절차에 의하든지 그의 저작물의 공개 실연 및 그 저작물의 실연을 공중에 전달할 배타적 권리를 가진다."라고 규정하고 있다. 이처럼 비록 조문상으로 명시하고 있지는 않아도 일정한 작은 경우에는 제한할 수 있는 '소유보'(小留保, minor reservation)를 허용은 해 줘야 한다고 하고 있다. 예컨대 종교 의식이나 축제일 군악대 연주, 교육 목적과 같은 비영리적 목적에 한해서는 1948년 브뤼셀 개정회의에서 합의된 성명서에서 언급되어 있으므로 권리자가 이를 수용하여야 한다는 것이다.

그럼에도 불구하고 국가가 교과용도서 보상금에 있어 상연료만 뺐다는 것은 다른 산업계에 비해 공연계에 대한 형평성을 심각하게 훼손한 부분이 아닌가 생각한다. 경미한 예외 원칙에 있어서도 다른 권리와 달리 상연권만 덜 보호되어야 하는 이유는 어디에도 없기 때문이다.

국가가 정하는 교과용도서 보상금 기준이 있어야만 비영리 공연 보상금 기준도 상호 영향받을 수 있기 때문에 국가는 빠른 시일 내에 이 기준을 신설해야 한다. 또한 현재 교과용 도서 보상금을 분배하는 복사전송권협회가 상연료 분배에 있어서 적합한 기관인지도 고려하고, 만일 복사전송권협회가 적절한 기관이 아니라고 한다면 공연 관련 단체 중 적합한 신탁단체를 찾는 노력도 기울여야 할 것이다.

메가경제, 2020. 7. 9.

상연과 상영 구별하고 국가가 먼저 비영리 공연 상연료 지급해야 한다

비영리공연에 대한 다른 나라의 입장을 살펴보면 우선 미국은 「저작권법」 제101조에서 공개적으로 저작물을 실연 또는 전시한다고 함은 "공중에게 공개된 장소에서 또는 가족의 통상적인 범위와 그 사회적 지인을 벗어나는 상당수의 사람들이 모인 장소에서 그 저작물을 실연하는 것"이라고 하고 있으며, 저작권자가 가지는 배타적 권리에 대해 제106조는 "복제와 2차적 저작물 작성, 소유권을 이전 대여, 리스 대출에 의하여 공중에게 배포, 공연(performance)권을 가질 수 있다."라고 규정했다.

또한, 미국 「저작권법」 제110조 제4항은 비영리 공연의 상연과 관련된 저작권 제한 규정으로 "공중송신을 제외하고 직접적으로나 간접적으로 상업적 이익을 목적으로 하지 아니하고, 실연자, 후원자, 또는 주최자에게 실연에 대한 보수나 그 밖의 보상금을 지불하지 아니하고 비연극적 어문저작물이나 음악저작물을 실연하는 때에 가능하다."라고 규정하고 있다.

그러면서 다음 두 가지 중 하나에 해당해야 한다고 규정한다. 하나는, 직접적으로나 간접적으로 입장료를 징수하지 아니하는 경우이고, 또 하나는, 실연에 따른 합리적인 비용을 공제한 후, 사적인 재정적 이득을 위해서가 아니라 오로지 교육적, 종교적, 또는 자선적 목적만을 위해 이익금을 사용하는 경우다.

다만 저작권자가 다음의 조건에 따라 그 실연에 대한 이의를 통지한 때는 중지해야 한다. 통지는 서면으로 하고 저작권자 또는 그로부터 적법하게 권한을 부여받은 대리인이 이에 서명해야 하고, 통지는 그 실연에 책임이 있는 사람에게 적어도 실연일로부터 7일 전에 송달되어야 하며, 그 반대 이유를 명시하여야 하고, 통지는 그 형식, 내용, 그리고 송달 방법에 있어서 저작권청장 규정으로 정하는 요건을 따라야 한다는 것이다.

다만 통지에 대해 이의를 제기받지 않아도 되는 경우에 대해 단서 규정을 둔다. 실연을 위한 합리적인 비용을 공제한 후 남은 실연 수익금을 오로지 자선의 목적으로만 사용하고 금전적 이익을 얻기 위한 목적으로 사용하지 않는 경우와, 비영리적 재향군인회나 비영리적 친목단체가 주최하고 홍보하는 그 단체의 피초청자를 제외한 일반 공중이 초청되지 않는 사교 모임 과정 중에 비연극적 어문저작물이나 음악저작물을 실연하는 경우는 저작권을 침해하지 아니한다.

미국 「저작권법」 제110조의 목적상 어느 대학이나 대학교의 남녀학생 사교 모임(fraternity or sorority)은 그 모임이 오로지 특정 자선의 목적으로 기금을 모금하려고 개최되는 경우가 아니라면 이 조의 적용을 받지 아니한다.

목적과 상관없이 제110조 제3항에서는 "예배나 그 밖의 종교적 집회의 장소에서 의식 과정 중에 비연극적 어문저작물이나 음악저작물 또는 종교적 성격의 악극저작물을 실연하거나 저작물을 전시하는 것"에 대해 면책하고 있다.

또 제110조 제6항에서는 "정부기관 또는 비영리 농업 기관이나 원예 기관이 연례적인 농업 또는 원예 박람회나 전시회 과정 중 비연극적 음악저작물을 실연하는 것. 이 호에 규정된 면책의 범위는 이 호의 규정이 없었더라면 그러한 기관이나 조직이 영업권자, 영업 시설, 또는 그 밖의 사람이 그러한 박람회나 전시회에서 실연한 것을 이유로 대위책임의 원칙에 따라 지게 될 저작권의 침해 또는 관련 침해에 대한 책임에까지 미친다. 그러나 이들의 실연에 대한 책임은 면제되지 아니한다."라고 규정하고 있다.

미국「저작권법」제110조 제5항은 비영리 상영에 있어서의 저작권 제한 규정으로 가정용 면책(homestyle exemption)과 사업용 면책(business exemption)으로 나누어 규정하고 있다.

우선 '가정용 면책' 조항은 가정용 수신기기를 이용하여 연극과 음악저작물을 공중에게 전달하는 행위로 입법목적은 저소득층을 보호하기 위한 규정이다. '사업용 면책' 조항은 음식점이나 주점의 경우, 시설이 3,750㎡ 이내이거나 이를 넘는 경우에도 스피커 6개 이내, 스크린 4개 이내인 경우에는 면책되며, 기타 소매점인 경우 시설이 2,000㎡ 이내이거나 이를 넘는 경우에도 스피커 6개 이내, 스크린 4개인 경우에는 면책되는 시설과 기기 면책 범위를 두고 있다.

다음으로 일본은 1987년(메이지 20년)에 제정된 '각본악보조례'(1887. 12. 28. 공포)에서 연극 각본 및 악보의 저작자는 출판권과 흥행권(영리적으로 공중 앞 공연권)을 양도할 수 있게 했으나 분쟁이 빈발하자 1893년에 각본악보조례와 사진판권조례를 합쳐서 법 제16호인 「판권법」(版權法)을 제정했다. 이후 '흥행권'이라는 포괄적 권리를 행사할 수 있도록 구「저작권법」제1조 제2항에서 "문예학술의 저작물의 저작권은 번역권을 포함하고 각종의 각본 및 악보의 저작권은 흥행권을 포함한다."라고 규정해 지금에 이르렀다. 비영리 공연과 관련한 우리 「저작권법」제29조와 동일한 일본 「저작권법」 규정은 제38조이다.

일본 「저작권법」 제38조 제1항은 "영리를 목적으로 하지 아니하는 상연 등"이라는 제목 아래 "공표된 저작물은 영리를 목적으로 하지 아니하고, 또한 청중 또는 관중으로부터 요금을 받지 아니하는 경우에는 공개적으로 상연, 연주, 상영 또는 구술할 수 있다. 다만, 당해 상연, 연주, 상영 또는 구술에 대하여 실연자 또는 구술을 행하는 자에 대해 보수가 지불되는 경우는 그러하지 아니하다."라고 규정하고 있다.

또한 일본 「저작권법」 제30조에는 '저작권의 제한'이라는 규정을 두어 제1항에는 "이미 발행한 저작물을 다음 방법으로 복제하는 것은 위작으로 보지 아니한다."라고 규정하고 있다.

그 아홉 가지 방법으로는 발행할 의사 없이 또한 기계적 화학적 방법에 의하지 않고 복제하는 것, 자기 저작물을 정당한 범위 안에서 절록인용(節錄引用)하는 것, 보통교육상의 수신서 및 독본의 목적에 공하기 위하여 정당한 범위 안에서 발췌 수집하는 것, 문예, 학술 저작물의 문구를 자기가 저작한 각본에 삽입하거나 악보에 삽입하는 것, 문예, 학술 저작물을 설명하는 자료로 미술저작물을 삽입하거나 미술저작물을 설명하는 자료로 문예, 학술저작물을 삽입하는 것, 도화를 조각물 모형으로 제작하거나 조각물 모형을 도화로 제작하는 것, 각본 또는 악보를 수익을 목적으로 아니하거나 출연자가 보수받지 않는 흥행용에 제공하거나 그 흥행을 방송하는 것, 음을 기계적으로 복제하는 용도에 쓰이는 기기에 저작물이 적법하게 복제된 것을 흥행 또는 방송용으로 제공하는 것, 오로지 관청용에 제공하기 위하여 복제하는 것이라고 명시하고 있다.

그러면서 제30조 제2항에는 "본조의 경우 출처를 명시하여야 한다."라고 규정해 성명 표시권과 달리 출처 명시권도 명확히 하고 있다.

프랑스의 경우 「저작권법」 제122조의1에는 "저작자에게 귀속하는 이용권은 공연권과 복제권을 포함한다."라고 규정하고 있고, 공연은 제122조의2 제1항 제1호에서 "공개적 낭송, 연주, 드라마 공연, 전시, 상영 및 방송물을 공개된 장소에서 송신하는 것"이라고 규정하고 있다.

프랑스는 제122조의5 제1항 제1호에서 '가족적 집회'에서 행하는 사적 및 무상 공연은 허락된다고 규정하고, 제122의 5조 제1항 3호 (e)에서 '교육·연구의 범위 내에서 오로지 설명을 목적으로 하는 경우에만 복제권의 제한'을 인정한다. 끝으로 「저작권법」 제122조의5 제4항에서 패러디, 모작, 풍자에 관하여는 저작권을 제한하고 있다.

끝으로 독일을 살펴보면 「저작권법」 제19조는 '구술, 공연 및 상연권'이라는 조문명 아래 구술권은 '어문저작물을 사람의 실연을 통하여 공개적으로 들을 수 있도록 하는 권리'라고 규정하고 있다.

또한 제52조는 (1)항에 "공표된 저작물의 공개재현이 허용되는 것은 그 재현이 개최자의 영리를 목적으로 하지 아니하며 참가자는 대가 없이 입장이 허용되고, 저작물의 강연 혹은 실연에 있어서 실연자의 누구도 별도의 보수를 받지 아니하는 경우이다. 이 재현에 대하여는 상당한 보상이 지급되어야 한다. 이 보상의무는 청소년 보호, 사회적 부조, 노인복지사업, 수형자 감호의 행사를 위하여 그리고 학교행사를 위한 것인 때 그 사회적 혹은 교육적 목적에 비추어 명확하게 한정된 범위의 사람만이 접근될 수 있는 한도에서 면제된다. 다만 위 행사가 제 3자의 영리를 목적으로 하는 때에는 그러하지 아니하다."라고 규정하고 있다.

또 (2)항에서는 "공표된 저작물의 공개재현은 교회 혹은 종교단체의 예배 혹은 종교상의 축제에서 또한 허용된다. 다만 개최자는 저작자에 대하여 상당한 보상을 지급하여야 한다"라고 하고 있고, (3)항에서는 "저작물의 공개무대공연, 공중전달, 방송 및 영상저작물의 공개상영은 언제나 권한 있는 자의 동의를 얻은 경우에만 허용된다"라고 규정하고 있다.

현재 우리나라에서는 수많은 공연이 비영리 요건인 반대급부를 받지 않을 것과 실연자 보수를 받지 않을 것에 대한 자의적인 해석 아래 극작가도 인지하지 못한 채 상연되고 있다.

이러한 현실을 개선하기 위해서는 비영리 공연에서 상영과 상연을 구분하고 입법적으로 「저작권법」 제29조 제1항의 상연의 요건을 보다 엄격히 한 뒤 독일과 같이 보상금 규정을 두는 방식으로 개정할 필요가 있다.

또한 우리나라 「저작권법」 제36조, 제37조, 제38조 간의 충돌 문제에 대해서 법 내 원활한 조정이 촉구된다. 이는 그 무엇보다도 번역, 개작과 같은 원천적인 극작가의 저작재산권을 빼앗는 다른 국가의 입법은 찾아볼 수 없을 뿐만 아니라, 출처표시권(법 제37조)이나 성명표시권(법 제38조)이 상충되거나 번역과 개작이라는 2차적 저작물작성권(법 제36조)과 동일성유지권(법 제38조)이 상충되는 것은 「저작권법」 내 질서에도 문제가 되기 때문이다.

또한 「저작권법」 제25조의 "학교교육목적 등에의 이용"에 있어 상영과 달리 상연료에 대해 보상금에서 문화부가 고시하지 않고 있는 부분은 입법의 불비 부분으로 조속한 시일 내에 제정되어야 할 것이다. 끝으로 「저작권법」 제104조의 6과 같이 극장 내에서 저작재산권자의 허락 없이 녹화기기를 이용해 녹화하거나 공중송신하는 것을 제한하는 것은 공연산업에서 오히려 더 필요하다.

어디까지나 비영리공연에 대한 저작재산권 제한 규정은 신체의 자유, 행동의 자유라는 관점에서 매번 허락을 구하지 않아도 되도록 배려하는 것으로, 사적 이용을 위한 복제와 사적이용을 위한 프로그램 복제, 개방된 장소의 미술저작물 등의 전시 또는 복제와 함께 입법된 규정이다.

즉, 사적 이용이라는 프라이버시를 통제받지 않기 위해서라든지 개방된 장소에서의 자유로운 사진 촬영 등을 위해 인정된 권리인 만큼 '비영리 공연'에 대해 누구나 자의적 해석을 할 수 있게 했다면 그것은 입법자들의 크나큰 과오가 아닐 수 없다.

지금이라도 공연계의 기초인 극본을 보호하기 위한 법체계 재정비를 촉구할 필요가 있다. 또한 「저작권법」 전면개정을 준비하고 있는 연구자와 정부부처는 베른협약까지 가지 않더라도 「헌법」상 기본권 제한을 위해서는 목적의 정당성, 수단의 적합성, 침해의 최소성, 법익의 균형성을 전제로 한 공연업계에서 수용할 수 없는 권리제한의 현행 법령은 바로 잡아야 할 것이다.

그 가운데 극장과 공연 제작비를 지출하는 국가가 먼저 비영리공연도 상연료를 예산으로 잡는 선제적 모범이 절실하다고 하겠다.

메가경제, 2020. 7. 16.

「고전음악진흥법」 제정의 필요성 ①
- "모든 음악은 평등하며 클래식은 국가의 긴급 도움이 절실하다"

　최근 국립극장, 국립국악원, 세종문화회관, 예술의 전당, 충무아트홀 등 서울시 5개 아트센터와의 운영활동을 살펴보면 시민들의 클래식 문화향유권의 목표, 예술진흥과 문화복지 구현이 최근 제대로 이루어지고 있는지 잘 알 수 없다.

　국민소득 2만 불 시대와 5일제 근무 등 여가를 즐기는 기회는 증가하였지만 클래식을 사랑하는 사람들이 클래식을 들을 수 있는 환경은 결코 좋지 않은 듯하고 모두가 콘텐츠의 늪이라고 불리는 유튜브 의존도만 심각하게 높다는 것을 알 수 있다.

　「공연법」상 공연이란 음악·무용·연극·연예·국악·곡예 등 예술적 관람물을 실연에 의하여 공중에게 관람하도록 하는 행위를 말한다. 다만, 상품 판매나 선전에 부수한 공연은 제외한다.

　한편 「저작권법」상 '공연'은 저작물 또는 실연·음반·방송을 상연·연주·가창·구연·낭독·상영·재생 그 밖의 방법으로 공중에게 공개하는 것을 말하며, 동일인의 점유에 속하는 연결된 장소 안에서 이루어지는 송신(전송을 제외한다)을 포함한다.

　「공연법」은 콘텐츠의 장르를 설명함에 비해 「저작권법」은 저작물을 대중에게 전달하는 방법을 설명하고 있어 일반인이 공연을 설명하는 부분에 있어 법률용어의 혼동이 있을 수 있고, 이는 클래식이 「공연법」, 「음악

산업진흥에 관한 법률」상 '음악' 공연에 해당하지만 「저작권법」상 보호받을 수 있는 자는 현재로서는 연주하는 곡들이 대부분 사후 70년이 지난 곡들이라고 볼 때 '실연자'의 권리만이 관련되어 있다고 할 수 있다. 그러므로 현재 공연계가 고민하는 무관중 공연도 영상으로 제작되어 유통이 예고되어 있다면 이 역시 영상의 상영이므로 「저작권법」상 공연이라고 할 수 있을 것이다.

2019년에 발표한 문화체육관광부의 공연예술실태조사에 근거하여 2018년도 공연시장 규모를 살펴보면 공연시설의 경우 3,395억 원으로 매출이 있었다고 보이지만 그중 클래식에 의한 매출은 오페라 1.9%이고 장르가 헷갈리는 기타 1.5%까지 넣어도 3.4%의 수익밖에는 올리지 못한 것으로 보인다. 또한 공연단체는 4,837억 원의 수익을 얻었다고 보지만 이 역시 클래식 단체인 교향악단 등의 단체가 벌어들인 수익이 별도로 분류되어 있는 것은 아니다.

공연 분야의 종사자 수는 클래식 외 뮤지컬 등 다른 장르까지 모두 합친 숫자까지 하여도 5만 1,281명인데 공연을 실연하는 종사자가 87.8%이고 이를 지원하는 예술경영인력은 12.2%에 불과하다. 또한 공연을 실연하는 단원은 79%의 상근직으로서 근로환경이 대체적으로 좋은 반면 지원인력인 예술경영인력은 안정적이지 못하고 기획인력과 사무인력, 기술인력 등 충분한 재원이 마련되어 있지 못한 것으로 보인다.

중앙정부와 지방자치단체에서 지원하는 공연예술 예산 규모는 1조 8,842억 원으로 중앙정부가 3,114억 원, 지방자치단체가 1조 5,728억 원의 예산을 투여하고 있다. 그럼에도 불구하고 공연시설 가동률은 대학로가 93.4%, 중앙정부가 운영하는 극장이 69.7%, 민간극장이 54.1%, 문예회관이 37.1% 정도이며, 문예회관의 가동률은 1위인 제주가 68.5%,

그 이후로 부산, 대전, 울산, 서울이 간신히 50%를 넘겼다.

한국경제 6월 30일 자 "코로나 상반기 공연 매출 반토막" 기사와 7월 1일 자 "코로나 여파 공연 취소로 대중음악계 상반기 876억 손실" 기사 등을 살펴보면 상반기 공연이 연기, 취소된 건수는 2~4월에 73건, 608억 9천만 원, 5~6월에 67건 268억 원으로 각각 집계한다. 공연예술통합전산망에 따르면 올 상반기 매출(2020. 1. 1.~6. 30.)은 949억 원으로 작년 하반기(2019. 7. 1.~12. 31.)의 매출 1,834억 원에 비해 48.5%가 감소한 것이다.

매출이 가장 크게 감소한 분야는 무용과 클래식이며 무용은 91억 원에서 92.3% 줄어 7억 원에 불과하고 클래식은 139억 원에서 80.5% 줄어 27억 원에 불과하다. 뮤지컬은 다른 장르에 비해 상대적으로 적어 37.7% 감소하여 823억 원을 기록하고 연극은 64.9% 줄어 82억 원의 매출이며 국악은 9억 원에서 77.7% 감소해 2억 원에 불과하였다.

SM의 비욘드 라이브와 BTS 런던콘서트는 네이버 V 라이브에서 생중계되고 온라인 티켓 가격이 3만 3천 원에 형성되어 7만 5천 명이 관람하기도 하고(비욘드 라이브) 14만 명이 관람하기도 하였다(BTS). 그나마 클래식 분야는 실연자의 브랜드 파워로 조성진, 3월의 마티아스 괴르네와의 유료 7.90$ 공연을 900명이 관람하였지만 4월 3일간 무료 제공한 공연은 30만 명이 관람하여 여전히 클래식 공연에 대해 티켓 파워는 대중예술과는 비교할 수 없어 보인다.

2020년 9월 27일 예정됐던 루돌프 부흐빈더의 '디아벨리 프로젝트' 공연과 10월 열릴 예정인 런던심포니, NDR 엘프필하모니의 내한 공연 등 빈체로 클래식에이전시가 기획한 수준급 공연들이 코로나19로 취소되고, 2020년 하반기 국공립 공연장과 단체의 대면 공연 재개가 불투명한 가운데 온라인 공연 유료화는 해당 업계의 수익모델 창출로 불가피한 모델로 계속해서 논의되고 있다.(2020. 7. 9. 영아티스트 제13차 포럼 '온라인 공연콘텐츠에 관하여'라는 주제에서도 비슷한 논의가 진행됐다.)

하지만 음질 개선과 영상 기술 등의 수준을 높여 음반의 단순 이용과는 다른 현재 클래식 영상물과 차별성을 보여 주고 온라인 클래식 공연콘텐츠의 구매자의 위신을 세워 주는 별도의 클래식 공연 플랫폼을 개발하지 않는 한 결코 관객들은 주머니에서 돈을 꺼내어 유료 클래식 공연콘텐츠를 구매하지는 않을 것이라는 것은 분명하다.

즉, 클래식을 듣는 사람이라는 고급 지위를 판매하는 멤버십을 판매하여 온라인 공연콘텐츠가 보급되는 플랫폼을 운영하는 장기적인 수익을 확보한 뒤에 우수 실연자를 중심으로 단발적이고 약간의 팬덤에만 기인하는 마케팅을 활용하여 당해 플랫폼을 홍보하여야만 또 다른 동시대 실연자들의 풍부한 레퍼토리를 보급할 수 있는 공연제작자의 재원이 확보될 것이다.

우리나라는 수준급의 클래식 실연자들을 가지고 있고, 우리는 그들과 동시대에 사는 사람으로서 그들의 연주를 경청할 자격과 의무가 분명 있다. 시민이 시민의 가진 재능으로 연마한 다양한 소통방식의 표현을 진흥하고 이러한 표현에 시민이 가까이하고자 하는 것은 다양한 의견을 담는 그릇인 민주주의 원리에 당연한 일이다. 비록 대부분의 클래식 실연자들이 공부를 마치고 독주회 등으로 자신을 알린 이후에 티켓 파워를 제대로 내지 못하고 있다는 이유로 다양한 매칭 등으로 대중에게 다가올 실연의 기회를 충분히 제공받지 못하고 있지만 이는 현장에 가는 모든 번거로움을 삭제시킨 온라인 클래식 공연의 자리가 메워 줄 수 있다고 보는 것이다.

즉, 이미 온라인 클래식 공연의 유료화를 클래식 업계가 불가피하다고 보고 있다면, 이에 대해 영상 콘텐츠의 풍부함과 다양성의 견지에서 볼 때, 더 많은 클래식 레퍼토리가 실연될 수 있도록 하여 관객들이 클래식에게 다가올 수 있는 결과로 잘 활용하면 클래식 저변을 넓히는 긍정적인 신호로 분명 볼 수 있을 것이다.

이 경우에 안쓰러운 것은 온라인 공연의 유료화로 수익이 충분하지 않고 오프라인 공연과 같은 효과가 나지 않는다고 해서, 즉, 매출 반등이 불투명하다고 하여 공연제작자가 공연에 드는 비용을 상대적으로 절약할 수 있다는 의미는 아니다.

오히려 대관계약상 극장에게 치렀던 비용을 음악실연자연합회에 가입되어 있지 않은 대다수의 음악 실연자의 실연이 영상 콘텐츠가 됨에 따라 실연자 보상청구권에 대한 정산처리도 맡아 주어야 할 뿐만 아니라 영상 콘텐츠로 제작하기 위해 스튜디오 대여나 별도 대관, 음향 감독, 영상 연출과 편집 스태프 등과의 또 다른 권리와 의무를 전제로 하는 계약의 모험을 앞두고 있기 때문이다. 또한 기존의 공연제작자의 지위에서 자신의 클래식 영상 콘텐츠를 제공하는 플랫폼을 소유하게 되면 법률상 온라인 서비스 제공자의 지위도 취득하여 이에 대한 책임도 다하여야 한다.

현재 클래식 에이전시사들의 상황은 이보다 더 나쁠 수가 없다. 수많은 솜을 어깨에 진 채 물속으로 들어가는 격이다. 위와 같이 클래식 공연제작자가 온라인 클래식 공연콘텐츠에 대한 모든 제반준비를 마쳤다고 하더라도 대중예술 공연 유료화는 팬덤의 숫자가 다수라서 현실화될 수 있지만(6.15 방탄소년단 방방콘은 90분간 250억을 벌어들였다) 클래식은 여전히 기회가 있는지 알 수 없다. 이는 결국 메세나의 후원 또는 국가의 지원을 통해 상기 체계 구축을 지원해야 함을 뜻하고 플랫폼 마련과 같은 긴급 지원을 검토해 주어야 하는 것을 뜻한다.

훌륭한 실연자가 되기 위해 인생 전부를 투자한 전문 기량을 갖춘 국민들의 생계와 다양한 클래식 레퍼토리 발굴과 전문 경영 노하우를 구축해 온 클래식 에이전시 국민들의 생계를 결코 가볍게 보지 말아 주기를 국가에게 바란다.

만일 시장 가격에 그대로 온라인 클래식 공연콘텐츠가 판매된다면 시장가격은 턱없이 낮게 형성될 것이다. 가격 형성은 대중이 선호하지 않다 보니 계속 떨어져 온 클래식 공연 현재 티켓의 가격과도 상당한 견련 관계가 있다는 것을 무시할 수 없다. 클래식 관계자들만의 축제가 아니라 시민들에게 아름다운 음악을 들려주기 위한 레퍼토리의 다양화, 클래식 스타의 재발견 등의 시도가 부족하여 클래식 문화의 뿌리가 제대로 정착하지 못했는데 맨몸으로 클래식 에이전시들을 전쟁터에 내보내서는 안 된다.

왜냐하면 그동안 지켜 온 한정적인 현장예술로서 최고에 의한 아름다운 연주라는 매력의 유혹을 상품으로 하였던 클래식계의 온라인 공연콘텐츠의 도전은 작곡가 위주로도 실연자 위주로도 단발성 콘서트로는 수익을 창출하지 못할지도 모르기 때문이다.

공연정책은 기본적으로 공연을 국가가 어떻게 생각하는지에 대한 관점에 기인한다. 공연은 시민의 의사소통 방식의 존중이고 그러한 측면에서 모든 방식의 의사소통은 문화로서 존중되어야 한다. 코로나19로 인하여 역대 최저 매출의 어려움을 겪고 있는 클래식 공연제작자가 다른 산업계로 이탈하지 않으려고 그 어떤 국가 지원 없이 고군분투하는 모습들을 지켜보면서 대중의 티켓 파워에서 조금 떨어진다는 이유로 지원을 주저하는 것, 클래식 에이전시가 영상 콘텐츠 유료화에도 코로나19 시대에서 실패한다는 것은 국가가 음악의 날개를 꺾는 것을 의미한다.

　공연 정책상 가격 지원 등 공연 정체성의 기로에서 적정한 가격의 논의에는 신중한 접근이 필요하다. 「출판문화진흥에 관한 법률」상 도서정가제와 같은 가격 보호 정책 없이 예전에 나가 보지도 않았던 어둠에 클래식 에이전시를 내모는 것은 결국 보는 공연만이 남고 경험하는 공연까지도 사라지게 만들 것이다.

　모든 음악은 평등하다. 온라인 공연콘텐츠가 오프라인 공연의 대체제가 될지 보완재가 될지 미래는 모른다. 하지만 필자가 좋아하는 이진상 피아니스트의 모차르트나 슈만 연주를 동시대에 살고 있는 기쁨으로 누리며 현장에서 소비하며 그를 바라보고 싶을 뿐, 온라인 공연콘텐츠로만 바라보다가 아카이브에 박제하는 것은 아까울 따름이다.

메가경제, 2020. 7. 30.

「고전음악진흥법」 제정의 필요성 ②
- 클래식 공연과 전통예술, 대중예술과의 관계

1998년 IMF 사태 이후 신자유주의의 흐름이 예술에도 그대로 불어닥쳤다. 즉, 공공기관에서도 경영의 효율성이 강조되면서 주요 아트센터의 운영 주체가 민간으로 이전되었다.

그 결과 2000년 이후 국립합창단, 국립 오페라단, 국립발레단, 국립극단, KBS 교향악단 등이 민간 재단법인으로 전환되었고 예술성과 공공성, 즉 국가가 예술단체를 유지하여야 할 명목인 예술진흥과 문화복지라는 존재 이유보다 경영의 효율성이 더욱 중시되어 순수예술도 민간극장의 모든 상업적 콘텐츠와 무한 경쟁의 시대에 접어들었다.

공연정책은 기본적으로 국가가 공연을 어떠한 의미로 생각하는가의 관점을 극명하게 보여 준다고 생각한다.

① 예술적 가치로서 공연의 의미와 ② 산업적 가치로서 공연의 의미도 중요하지만 ③ 대중에게 정치 지향성 없이 오직 공유와 소통의 가치로서 공연의 의미(사회 정화의 기능)와 ④ 교육과 직업 선택, 문화를 향유하는 사람들이 다른 교육을 받거나 직업 선택, 문화 향유를 하는 데 있어서의 공연의 의미도(접근과 향유로서의 기능) 되짚어 보아야 한다.

「공연법」은 법의 목적에서 "예술의 자유를 보장함과 아울러 건전한 공연 활동의 진흥을 위하여 공연에 관한 사항을 규정함"을 목적으로 하고 있어서 공연에 있어 ①과 ②는 국가가 고려하고 있지만 ③과 ④는 미처 생각하지 못하고 있음을 알 수 있다.

「헌법」 제22조 제1항의 예술의 자유는 「건국헌법」 제14조부터 현행 「헌법」까지 계속하여 명문화되어 온 천부적 기본권인 자유권에 관한 것이다. 그러한 인간의 예술의 자유는 법인도 주체가 되지만, 구체적으로는 법인 구성원들의 자유로 이해되어야 한다.

"의심스러운 경우에는 예술에게 유리하게"라는 「예술법」의 기본 원칙에 따라 예술의 영역은 그것을 업으로 하는 자보다 일반 대중에게 유형, 무형의 대화가 가능하게 되어야 함을 뜻한다.

그러므로 고전음악 진흥의 문제는 일반인의 클래식의 접근권과 향유의 관점에서 접근되어야 하고 예술의 자유가 이것에 종사하는 자에 국한하는 문제로 보아서는 곤란할 것이다.

예술의 자유는 예술 형성의 자유, 예술 표현의 자유, 예술가의 사회 참여의 자유 전반에 걸쳐 보호되어야 하며 방어권, 보호권, 절차권, 사회권의 내용을 가진다.

방어권이란 예술 활동을 저지, 방해하는 행위는 국가가 중지하도록 요구할 수 있는 권리이며, 보호권은 예술 활동을 제3자가 저지, 방해하는 경우 국가가 보호하는 권리이다.

또한 절차권은 예술 활동과 관련된 조직과 절차를 보장하는 입법을 마련해야 함을 뜻하는 권리이고 사회권은 문화국가의 원리상 실질적인 재정적 여건을 보장하여 예술에 대한 실질적인 국가적 지원이 마련되어야 함을 뜻한다.

그러므로 예술 형성의 단계에서 일정한 예술을 형성하도록 강제하는 행위는 창작 과정의 간섭이며, 예술표현의 단계에서 일정한 예술적 구상을 외부에 표현하도록 강제하는 행위는 예술표현에 대한 간섭이고, 예술

신념에 반하는 행동을 하거나 하지 못하게 예술가 등을 종용하는 행위는 사회 참여에 대한 간섭이다.

그러므로 이와 관련하여서는 입법이 되어서도 안 되고 국가는 그러한 입법을 형성하면 국민의 기본권을 침해하는 행위에 해당한다.

클래식, 고전음악과 관련된 법령으로는 「헌법」상 예술의 자유 이외에도 「문화기본법」, 「문화예술진흥법」, 「공연법」, 「저작권법」, 「문화예술교육지원법」, 「지역문화진흥법」, 「문화다양성의 보호와 증진에 관한 법률」, 「문화예술후원 활성화에 관한 법률」, 「음악산업진흥에 관한 법률」, 「대중문화예술산업법」, 「예술인복지법」, 「약관규제에 관한 법률」과 「공정거래관련법」, 「민법」 등이 있다.

국가가 책임운영기관으로 설치 운영하고 있는 국립중앙극장, 국립현대미술관, 한국정책방송원, 국립아시아문화전당과 예술영재교육과 실기교육을 담당하고 있는 「고등교육법」 제19조 제2항과 제57조를 근거로 한 한국예술종합학교, 「문화예술진흥법」 제37조에 근거를 둔 예술의 전당은 법적 근거 마련으로 예산을 직접적으로 지원받고 있다. 그러나 실질적으로 고전음악을 유통·활성화하거나 어려울 때 긴급 지원 등으로 고전음악업계가 도움을 받을 수 있는 직접적 법적 근거는 존재하지 않는다.

우선 「문화예술진흥법」 제17조에 근거한 문화예술진흥기금을 고전음악이 활용하는 예도 극히 드물다.

둘째, 현재 국내 뮤지션들의 해외공연을 지원하기 위한 「음악산업진흥에 관한 법률」을 개정하는 법률안이 2019년 10월 성일종 의원을 주축으로 발의되었으나 통과할지는 미지수인 데다가, 국내 뮤지션 지원 사업을 발의한 성일종 의원 역시 BTS를 더 만들기 위한 것이라고 표현하고 있어서 대중예술 뮤지션이 아닌 국내 클래식 뮤지션을 지원하는 사업비로 받을 수 있는지 고전음악계는 의문을 표하고 있다.

　이와 같이 고전음악은 국악이 처한 여러 사정과도 다르고 일반 대중음악이 처한 여러 사정과도 달라서 예술진흥지원과 문화복지의 사각지대에 놓여 있다.

　국악은 전통예술을 통한 국위선양이라는 뚜렷한 지원정책을 통해 국악사양성과 국립국악, 전통예술학교는 「초중등교육법」 제62조 제2항 및 「교육공무원법」 제33조 제2항에 따라 직업상 보호되고 있다.

　또한 예술적 가치로서도 그 이유를 타당하게 제시하고 있는데, 전통음악, 전통무용, 전통연희를 포함한 전통예술은 같은 공연예술임에도 창조적 계승을 위해 원형을 회복하여 국민의 일상에 돌려주고 국내외 전파를 통해 우리나라 문화의 우수성을 알린다는 점을 모든 국악지원사업에서 명확히 밝히고 있다.

　교육에서 창달까지 모두가 국가의 지원을 받는 순수예술지원 체계와 달리 대중음악은 창작 부분, 유통 부분, 소비 부분 전반에서 순수시장성이 강조되어 왔다.

　「대중문화예술산업발전법」은 무용, 연극, 국악 형태의 공연물을 제외한 공연을 의미하며 방송물도 보도, 교양 분야의 영상물은 제외하고 영화 및 비디오물, 음악과 이미지를 활용한 제작물 등을 대중문화예술산업이라고 하고 있기 때문에 고전음악이 설 자리는 전혀 없어 보인다.

　그럼에도 불구하고 「문화예술진흥법」상 문화예술은 문학, 미술, 음악, 무용, 연극, 영화, 연예, 국악, 사진, 건축, 어문, 출판 및 만화라고 하고 있는바 고전음악은 음악의 하나로서 국가와 지방자치단체가 강구한 문화예술 진흥에 관한 시책상 고전음악 예술 활동을 권장, 보호, 육성할 것을 요구하고 이에 필요한 재원을 적극 마련해 달라고 당당히 요구할 수 있는 국민이다.

　이때 문화예술 진흥시책은 국민생활의 질적 향상을 위한 건전한 생활문화의 개발, 보급에 관한 사항을 포함하여야 한다. 국가와 지방자치단체가 이와 같은 시책을 수립하면서 고전음악 관련 문화예술기관 및 단체의 의견을 충분히 경청하지 않은 것은 미비점 있는 문화예술 진흥시책이라고 할 수 있을 것이다.

　그러므로 고전음악은 이제 자신 스스로의 음악과 이를 유통하기 위한 공연의 정체성을 고민하고 기초예술로서 고전음악을 지원하는 체계를 국가에게 요구하여야 할 것이다.

　흔히 고전음악 분야 종사자들은 "우리는 국악이나 무용과 똑같이 어려워요"라고 말하지만 국악은 전통예술로서의 예술적 가치를 인정받는 지원체계를 가지고 있다. 또한 무용과 고전음악을 똑같이 보는 것은 「문화예술진흥법」상 분류한 음악과 무용이라는 명확한 분류체계에서 분류는 그 지원 목표가 다름을 의미하기 때문에 동종으로 이해되어서는 곤란하다. 우리 법은 명확히 문화예술에서 음악과 무용을 장르에서 구별하고 있다.

　국민의 입장에서 문화복지는 여가의 질을 의미한다. 고전음악은 순수음악으로서 대중음악을 더욱 진흥시킬 수 있는 디딤돌일 뿐만 아니라 이와 관련하여 종사하는 사람들의 직업을 지켜 줘야 대중음악의 진흥 등으로 연계될 수 있음을 의미한다.

　또한 스스로 음악에게 다가가고 다른 사람의 연주를 경청하고 이해하는 법을 배우는 소통의 가치가 높은 근간(기초)예술이라는 점에서 예술진흥의 사각지대로 점차 소멸되어 가는 예술이 되어서는 안 될 것이다.

　코로나19로 인하여 고전음악 업계의 2020년 상반기 매출 성적표는

27억 원에 불과하였다. 오랜만에 듣게 된 국내 내로라하는 교향악단의 연주는 대부분 맥이 빠져 있고 작년 기량의 반도 미치지 못하는 연주의 수준을 들려주고 있었다.

  우리는 세계에서 내로라하는 콩쿠르에 입상한 연주자들을 해외 에이 전시에 대부분 빼앗기고서도 여전히 클래식 예술경영에 있어 적절한 매칭과 기획이 부족하고 여러 가지 경영상 장애들을 그대로 소거하지 못해 총체적 난국에 빠져 있다.

  국가가 고전음악에 대한 따뜻한 관심과 고전음악의 향기를 국민들에게 돌려줄 수 있는 정책적 결단을 내려주길 촉구한다.

메가경제, 2020. 8. 6.

「고전음악진흥법」 제정의 필요성 ③
- 클래식 공연계의 대관계약·출연계약·협찬수익계약·
해외라이선싱계약의 문제점과 개선 방향

현재 문화체육관광부의 고전음악과 관련한 표준계약서는 없다고 하여도 과언이 아니다. 문화체육관광부가 공연분야에 만들어 놓은 표준계약서는 현재 4종이 존재한다. 2013년 5월에 공시된 출연계약서와 창작계약서, 2019년 8월에 공시된 기술지원 분야의 근로계약서와 용역계약서가 그것이다.

공연분야 기술지원 분야의 근로계약서와 용역계약서 표준계약서를 제작하여 공연기술지원업계가 이를 가지게 된 것은 어경준 티디에스(TDS) 공연기술·디자인연구소장의 덕분이다.

어느 날, 어 소장은 당시 공공기관을 퇴사하고 휴식을 취하고 있는 필자를 수소문 끝에 알아냈고, 방송 분야 표준계약서 작업을 했던 필자에게 자신과 함께 공연 분야 기술지원 표준계약서를 개정하자고 했다.

업무 지시가 명확하지 않아 끝없이 용역을 제공해야 하고, 나날이 인력이 줄어드는 기술지원 인력의 고충뿐만 아니라 국내 무대의 기술지원을 위해 해외에서 조합자격을 취득하여 자기 권리를 요구해야 하는 국부유출, 즉 국내 기술지원 인력이 해외로 끝없이 빠져나가는 이야기를 접할 때마다, 필자는 표준계약서가 무슨 큰 의미가 있겠냐고 하였다.

그러나 어 소장은 후배들에게 물려줄 업계환경을 개선하겠다는 의지가 강했고 법적으로 무엇을 물어볼 수 있는지 알려 달라고 했다.

방송 스태프도 원래는 1988년에 한국방송영화공연예술인노동조합의 하나였지만 외주제작정책으로 빠르게 노동조합이 제작사의 용역 형태로 변모하면서 결국 12개 지부 중 5개 지부만이 노조로 남으면서 방송스태프 노조는 해체되었다.

방송스태프 표준계약서를 법학계와 신문방송계가 만들었지만 이를 승인해 줄 단체가 없는 것을 공공기관에서 지켜보았던 필자로서는 공연기술스태프 조합 없이는 우리가 표준계약서를 만들어도 이것이 있는지조차 알릴 수 없어 도움이 될 수 없을 거라고 생각했던 것이다.

그러나 어경준 소장은 초점을 잃지 않고 걸었고 2014년 12월에 그렇게 함께했던 그와 필자의 노력은 2019년이 되어서 비로소 결실을 보았다. 2019년 8월 문화부는 이를 업계가 쓸 수 있는 보편적 계약서, 표준계약서로 공시하였다.

당시 「마당을 나온 암탉」 무대미술을 담당한 박경 무대디자이너와 「백설공주를 사랑한 난장이」 무대미술을 담당한 이유정 무대디자이너가 어 소장과 함께 표준계약서에 맞는 실태조사를 하느라 상당히 고생하였다.

그러므로 예술경영의 품질은 계약서에서 느낄 수 있다고 필자는 생각한다. 현재 고전음악계의 어려움은 협상하여야 할 계약의 내용이 완벽하게 정비되지 못했기 때문이고, 고전음악 예술경영인에게 치명적인 독소조항의 거품을 제거할 수 있도록 하는 일은 표준계약서 정비부터라고 보기 때문이다.

고전음악에 있어 계약은 대관계약과 출연계약으로부터 시작된다. 협찬과 후원, 수익 분배 등에 대해 노련하지 못한 고전음악은 잦은 투자를 받아 보지 못하였기 때문에 「계약법」의 일반원칙을 모두 이해하지 못하는 것으로 보인다. 그러다 보니 국내 뮤지션과 레퍼토리를 중심으로 해외에 라이선싱을 주는 대중음악 분야의 계약은 거의 존재하지도 않았고 이는 고전음악 예술경영에 있어 두려움이 될 수 있다.

클래식 공연은 다른 공연과 달리 현장성과 교감을 가져오나 2차적 가공이나 표준화가 어렵고 공연자 간 급부의 품질이 차이가 나므로 관객이 느끼는 것은 공연 시간도 중요하지만 공연 전후 시간과 공간의 상품화, 즉 극장에서의 만족도가 상당히 중요한 상품이다.

또한 클래식 공연은 스타 마케팅을 할 경우 장기공연으로 전속적으로 공연자를 데리고 있으려면 고정비용이 높아, 수익 창출이 좋으나 인건비의 비중이 크므로 궁극적으로는 무대장치 등 부대비용 단순화를 통한 비용 절감만을 목표화하게 된다.

이용자 측면에서는 정기적으로 들으면서 지평을 넓힐 수 있는 레퍼토리, 스토리나 시리즈 등이 요구되는 반면 전속으로 공연자를 데리고 있을 수 없는 클래식 예술경영 환경에서는 단발적인 공연만이 제공되는 것이다.

클래식 공연은 직접 대면이 정서적 교감을 가장 증대시킬 수 있고, 지속적 구매를 가져오므로 온라인 콘텐츠 활용을 주 수입으로 삼는 것보다는 잠재소비층을 개발하기 위해 비평지원프로그램과 예술교육지원프로그램 등의 정책적 지원이 필요하다.

이는 「독서문화진흥법」과 「문학진흥법」의 관계와 비슷하다. 산업체계에 대한 지원이 이원화되어 있다는 비판을 예술정책상 받는 양법이기도 하지만 궁극적으로는 문학을 진흥시키는 데 「독서문화진흥법」상 여러 독서지원프로그램과 교육지원프로그램들이 영향력을 발휘하기 때문이다.

이와 같이 클래식 공연을 안정적이고 정기적으로 다량 보급하여 누구나 향유할 수 있는 음악으로 지원하기 위해 대관계약과 출연계약은 정형화되어야 할 필요가 있다.

현재 수집한 수종의 대관계약은 대동소이한데, 대개 대관료 30%를 계약금으로 납부하고 잔금은 대관일 60일 이전에 납부하도록 하고 있다. 추가 사용료는 대관계약서와 달리 부합성 있는 계약인 대관규약을 별도로 두고 자주 규약을 재정비하고 있어 공연제작자 입장에서는 이를 매번 인지하기 어려우며, 추가 사용료 역시 대관하고자 하는 공연제작자의 청구일로부터 즉시 또는 10일 이내에 선납부하도록 되어 있다.

대관 사용권을 타인에게 양도나 전대하면 계약을 해지·해제할 수 있으며, 공연 내용이 변경되어도 최소 30일 이전까지 알리지 않으면 계약을 해지·해제할 수 있다.

장래에 있어서도 극장에 불이익이 있었다고 생각되면 대관 대상에서 제한되며, 대관의 취소를 무려 90일 이상 남기더라도 계약금 50%와 위약금 징수, 90일 미만의 경우 계약금 100%와 위약금 징수 및 벌점부과, 30일 미만 취소는 대관료 100% 위약금 징수 및 벌점 부과 등의 규정들을 보편적으로 가지고 있었다.

그 밖의 손해배상에 있어서도 일체 극장의 책임을 묻지 못하게 하거나 극장에게 손해가 발생한다고 판단하는 주체도 극장에 있었다. 또 소송이나 분쟁 발생 시 재판 등을 유리하게 하거나 대관에 있어 고전음악업계로부터 받은 수많은 대관계약서는 상당히 불공정하게 체결되고 있고, 「약관의 규제에 관한 법률」상 무효로 추정되는 규정들이 많았다.

한편 실연자와 교섭함에 있어서 출연계약의 내용은 업계에서 힘의 지위가 명확하게 드러나는 규정들이 많았다.

특히 클래식 공연은 거물급 실연자들과 체결되는 계약이 많아 거래 관습 파악상 협상과 의향서를 주고받는 이메일이나 계약서 이후 수시로 레퍼토리를 변경하고, 관련 기밀누설금지 및 일정 기간 다른 동일 레퍼토리 제공 논의 금지 등이 잘 지켜지지 않고 신의성실의 원칙을 지키지 않는 출연자도 많았다.

그럼에도 불구하고 공연제작사는 해당 출연자와의 관계가 나빠질 것을 두려워하여 그 어떤 요구도 하지 못하고 있었으며, 레퍼토리 결정권 등 급부 내용에 대해 현지에서 효과를 극대화할 수 있는 내용의 레퍼토리 결정 데드라인 시점이나, 초과하는 레퍼토리 연주료의 추가나 감액부담 등 논의 사이에서 문제가 생겨도 공연제작사 측이 위험을 그대로 부담하였다.

이를 해결하기 위해서 공연료는 전액 선급을 피할 수 있도록 분납을 유도하고 위험발생 시 위험분배를 논의하는 등 원천세, 종합소득세 등 연주료 전반과 관련된 비용회계가 불투명하여 실제로는 공연제작사에게 경영상 이익이 별로 존재하지 않는 어려움이 컸다. 그런 만큼 불공정 계약을 조정하는 것이 마땅하였으나 향후의 인간관계를 두려워하여 그 어떤 요구도 하지 못하는 공연제작사가 많았다.

특히 비용에서 열거되지 못한 내용에 대해 향후 해결하지 못하므로 출연계약서가 체크리스트가 되어 주어야 함에도 이에 미치지 못하는 계약서가 많아 필자는 마치 고전음악 공연제작사들의 계약서는 불로 뛰어드는 나비와도 같다고 표현하고 말았다.

해외 계약 시 환리스크 등을 피할 수 있도록 원화 지급방식과 시점을 명확히 확인하도록 하고, 숙박 식비, 비자 수수료, 통관비용, 송금수수료, 항공세 등 부담자를 명확히 해야 한다.

방송에 있어서도 클래식 공연은 교양프로그램이니까 당연히 공연제작사에게 비용을 지급하지 않고 무료로 방송하는 것이라는 우리나라 방송계의 거래 관행만을 강요할 것이 아니라, 「저작권법」은 강행규정이므로 실연자가 저작인접권을 가진다는 점과 실연자에게 보상청구권을 부여하고 있다는 점이 국제규범임을 숙지하고 방송권을 논의해야 마땅하다. 그럼에도 분쟁이 발생할 경우 공연제작사는 저작권침해의 방조범에 해당할 뿐 아니라 제대로 된 방영권 판매료를 전혀 받지 못하고 있었다.

즉, 방송권은 녹음, 촬영, 방영에 있어 유상 원칙을 일반적으로 지켜야 하며 대중에게 공개하지 않는 아카이브 등의 권리관계는 초상과 개인정보, 저작인격권을 중심으로 재정립하여야 하지만, 이때에도 실연자가 자신의 모습을 아카이브로 접근할 수 있게 해 주거나 공연제작사가 아카이브에 접근하여 스스로 경영능력을 분석할 수 있는 기회를 확보하여야 한다.

또한 홍보용은 3분 원칙과 같은 국제 통용 원칙을 지키고 불가항력 조항은 객관적 상황 중심으로 누가 어떻게 판단하고 리스크를 분배할 것인지 「민법」상 기본원칙에 돌아와서 이행지체, 이행불능을 입증하여 명확히 하여야 한다.

해외 지휘자 등을 데려오는 경우 「준거법」과 관할권 조항과 비용지급의 여러 기준이 달라질 수 있고, 오케스트라 등의 실연을 요구하는 경우 단체협약과 개인근로계약이 되어 있는 단원 등을 파악하여 무엇을 계약조항에서 챙겨야 하는지도 고전음악 예술경영인인 공연제작사들의 부담으로만 미루는 것은 가혹하다.

최근에는 출연계약서에서 개인 단원들의 SNS를 금지하거나, 법인의 이미지와 연결되어 관객들에게 받아들여지는 특성을 고려하여 과도하게 저작권과 초상권을 탈취하는 규정들이 증가하고 있다. 그런데 이것은 공정거래위원회에서 불공정약관 조항에 대한 심사와 무효로 이어질 수 있으므로 주의하여야 할 것이다.

협찬, 후원과 투자수익분배계약에 고전음악 예술경영인들이 현재 익숙하지 않으므로, 이 역시 경제적 이익의 부당한 요구를 받지 않도록 공연제작사를 보호할 필요가 있다.

현재 「조세특례제한법」 제25조의6 '영상콘텐츠 제작비용에 대한 세액공제'나 「지방세특례제한법」 제44조의2 '박물관 등에 대한 감면' 등 조세지원 규정이 있기는 하지만 「지방세특례제한법」 제52조 '문화·예술 지원을 위한 과세특례'는 부동산 조세지원이므로 궁극적으로 고전음악의 「문화예술후원활성화법」 제8조의 영역의 지원은 없다.

이는 고전음악에 대한 재정적 지원이 전무해 투자유인이 전혀 없는 현황에서 고전음악 예술경영인이 겪어야 할 어려움의 방증이기도 하다.

예술정책과 기술정책을 항상 고민하는 사람으로서 고전음악은 현재 재정적 기금 지원, 세제 지원에서도 어떤 지원을 받지 못하고, 시스템에 있어서도 표준계약서와 분쟁 시 조정자 없이 망망대해를 돛대와 삿대도 없이 떠돌고 있다.

기금이나 세제 지원은 국가의 예산과 직접 결부되지만 빠른 시일 내에 국가가 표준계약서 제정에 착수하는 것만으로도 고전음악 예술경영인은 분명 도움을 받을 수 있을 것으로 기대한다.

메가경제, 2020. 8. 13.

「고전음악진흥법」 제정의 필요성 ④
- 온라인 공연콘텐츠 제작 시 클래식에이전시가 고려해야 할 점

 최근 클래식 공연계는 온라인 공연콘텐츠가 과연 현장 소비되는 클래식 공연의 대체재 수준에 이를 것인지, 그저 홍보용의 보완재 수준에 이를 것인지 그 논의가 뜨겁다.
 혹자는 좋은 공연은 역시 현장에서 소비되어야 하고 음향 등 소리예술인 음악의 가능성은 여전히 음반과 현장공연에 있다고 하고, 혹자는 고전음악 향유 연령층의 나이상 새로운 이용자층이 젊어지지 않고 있어 유튜브와 같은 늪 속에 돌 하나 더 던지는 영상콘텐츠의 하나로 전락하여 더는 현장까지 공연을 보러 오지 않을 것이라고도 한다.
 그러나 법적으로는 공연의 일부를 홍보용으로 사용할 때와 달리 전부를 온라인 공연콘텐츠로 제공할 때에는 더 이상 홍보용의 보완재로는 보기 어렵고 별도의 영상저작물로서 영상물이용허락계약이 필수라고 이해하여야 한다.
 온라인 공연콘텐츠가 가져온 시장의 파급효과는 다음과 같다.
 극장주의 입장에서는 공연 대관의 가능성이 줄어들기 때문에 온라인 공연콘텐츠에 적합한 음향기술 제공과 다양한 영상 제작 가능한 스튜디오로 변모될 것이다.
 공연제작자 입장에서는 온라인 공연콘텐츠의 가격이 가장 고민될 것이다. 현장성 공연의 일부로 보는 보완재로 보는 것과 아예 이를 대체하는

대체재로 보는지에 따라 가격은 천차만별이 될 것이다. 그러나 현장예술과 달리 멤버십을 통하여 플랫폼을 활용하는 것을 좋아하는 젊은 관객을 타깃으로 하면 안정적 수익을 낼 수 있기도 하다.

실연자는 노동의 기회를 상당 부분 잃게 될 수도 있고 때로는 그 차액을 음반시장보다 더 큰 온라인 공연시장을 통해 출연료와 보상금을 챙기게 될 수도 있다.

음반제작자 입장에서는 음반 청취의 가능성을 영상이 빼앗기 때문에 음질로 승부하지 않으면 수익이 줄을 확률이 있다. 공연제작 관련 종사자들은 영상제작자로 변모할 수 있는 경우에만 살아남을 수 있을 것이다.

온라인 공연콘텐츠 제작 시 클래식 에이전시는 공연이 영상저작물이 되면 영상저작물에 대한 특례 규정,「저작권법」제99조 이하가 적용된다는 사실을 잊지 말아야 한다.

즉, 영상저작물에 있어서 누가 영상저작물의 저작자인지를 확정하는 것은 매우 어려운 문제이고, 영상저작물 제작에는 많은 사람들이 관여하기 때문에 권리관계가 복잡하고 영상저작물이 유통될 때마다 공동저작자의 전원 동의를 받게 되면 원활한 이용이 저해될 수 있다. 그리하여 영상저작물에 있어서 저작자뿐만 아니라 이러한 기여도를 가진 자인 영상제작자가 충분하게 보호될 필요가 있다.

기존의 저작물을 이용하여 영상화하는 경우 원칙적으로 저작물 이용에 관한 일반 이론이 적용되어야 하겠지만「저작권법」은 영상저작물의 원활한 이용과 영상제작자를 보호하려고「저작권법」제99조 '저작물의 영상화' 규정을 가지고 있다.

이 규정은 영상화 이용허락계약을 승인하면 영상제작자의 투하자본 회수를 용이하게 하기 위하여 저작권자와 실연자는 이러한 권리를 영상제작자에게 양도하는 것으로 추정한다.

다음으로, 공연제작자가 영상제작자가 되면 온라인서비스 제공자에게 제휴를 체결하지 않은 자가 저작물을 유통하면 이를 저지해 줄 것을 온라인서비스 제공자에게 요청할 수 있으며, 권리자들의 정당한 수익을 보장하기 위하여 기술적 보호 조치를 하여야 하고, 이를 무력화하는 자들을 단속하는 등의 공연제작자의 의무도 증가할 수 있다.

공연제작자들은 영리를 목적으로 하지 않고 청중이나 관중 또는 제3자로부터 어떤 명목으로든지 반대급부를 받지 않고 저작물을 공연하거나 방송하는 경우는 비영리 공연이므로 사후 정산 등 그 어떤 조치도 하지 않으려 한다.

그러나 실연자가 통상 보수를 받은 경우라면 「저작권법」 제29조의 비영리 공연에 해당하지 않을 뿐만 아니라, 유튜브 같은 플랫폼은 비영리 유통이라고 볼 수 없고 광고 수익 등으로 수익을 정산하는 유료 플랫폼이기 때문에 이에 해당되지 않는다. 그러므로 사후수익분배 정산의 책임이 여전히 영상제작자인 공연제작자에게 있게 된다.

그 밖에도 실연자는 자신의 성명표시권, 동일성유지권, 복제권, 배포권과 같은 「저작권법」 제66조 이하의 보상청구권을 갖는다는 사실이다.

그동안 클래식을 방송해 주는 지상파 방송사들은 실연자들에게 별도의 보상을 하지 않았고 공연제작자에게도 무료 배급을 요청했다. 그런데 이 역시 「저작권법」 침해가 될 수 있으므로 유의해야 한다. 즉, 현재 권리자단체인 음악실연자연합회에 가입하지 않은 클래식 실연자는 해당 소속 공연제작자와 사용료를 협의하고 방송사는 이를 지급하여야 한다.

방송사가 편성권을 가지고 있다고 하더라도 온라인 공연콘텐츠를 공연제작사가 별도의 플랫폼(유튜브 포함) 등에서 제공하고 있다면 「저작권법」 제35조의5 '저작물의 공정한 이용'에서 규정한 "통상적인 이용방법과 충돌하지 않고 저작자의 정당한 이익을 부당하게 해치지 아니하는 경우에는 저작물을 이용할 수 있다."라는 예외사항에 해당한다고 볼 수 없다.

그에 따라 클래식 에이전시는 레퍼토리 선정에 있어서도 더욱 주의를 기울여 사후 70년 되지 않은 저작자의 저작물을 실연하도록 하는 경우 반드시 저작권사용료를 내고, 사전협의가 되지 않는 저작자의 저작물은 법정허락제도를 이용하여 한국저작권위원회에 문의하여 일정 금액을 공탁하여야 한다.

그동안 온라인 공연콘텐츠는 아카이브 구축 등 공연기록을 위해서 제공되어 왔고 별도의 영상이용허락계약 등과 같은 법률관계의 밖에서 논의되어 왔다. 그러나 온라인 공연콘텐츠의 활용과 가격을 정하고 어떤 플랫폼을 이용하는지는 공연제작자의 결정에 달려 있다.

공연제작자가 결정하는 대로 시장의 유연성에 따라 어떤 것은 또 사라지고 어떤 것은 또 생겨날 것이다. 다만 「저작권법」은 전 세계가 합의한 국제규범이고 국내 강행규정이라 이를 넘어서는 합의는 불가하다.

온라인 공연콘텐츠의 활성화가 공연제작자가 다양한 현장 공연을 할 수 있는 재원 마련에 보탬이 되는 안정적 수익구조를 마련하는 시작이 되기를 간절히 바란다.

메가경제, 2020. 8. 20.

「고전음악진흥법」 제정의 필요성 ⑤
– 「고전음악진흥법」 제정과 필요한 정책과제

　클래식 업계의 어려움을 살펴보면 「고전음악진흥법」 제정은 불가피한 결론이다.
　먼저 고전음악 업계는 '우리는 전통음악(순수예술)인가 대중음악인가'라는 정체성에 대해 판단하여야 한다. 이를 위하여 공연예술경영협회가 보다 고전음악 예술경영인의 대표성을 띠게 되기를 바란다.
　둘째, 온라인 영상 콘텐츠도 현장 예술이 어려울 때는 수익 구조가 될 수 있으므로 기존의 유튜브보다는 전문적인 플랫폼(시장) 개발을 하여야 하고, 공연제작자는 영상제작자로 그 지위가 변모하는 것에 걸맞은 기술적 보호조치를 마련하고 제휴계약을 체결하지 않은 곳에 대한 모니터링 의무와 단속, 수익정산분배의 책임을 깨달아야 한다.
　셋째, 문화예술진흥기금이나 「음악산업진흥법」상 지원도 현재 고전음악을 지원할 수 없고 「문화후원활성화법률」상 조세지원 특례의 대상도 아니므로 공연계에 투자를 유인할 수 있는 궁극적인 유인책을 국가와 협의하게 되기를 바란다.
　넷째, 공연예술의 위험부담 분산을 위한 무진동 차량에 의한 악기보험과 실연자 보험 등 공연제작자의 면책 방법과 관계자 간 힘의 불균형을 해소할 수 있도록 지원하고, 안전사고 외 공연 관련 분쟁사례를 포함하여 위험을 최소화할 수 있는 방법을 스스로 강구하도록 정보를 제공하여

전문적인 예술경영을 할 수 있도록 지원하여야 한다.

수준급의 클래식 실연자를 가지고 고전음악의 저변을 넓히지 못하고 있는 고전음악 예술경영업계가 성장할 수 있도록, 국가는 조속히 「저작권법」 제29조 비영리 공연에 있어서도 보상금 규정을 신설하고 밀녹 금지 규정을 두어야 할 뿐 아니라, 클래식 업계에 필요한 표준계약서를 제정하여 독소조항에서의 불공정을 제거하고 이를 업계에 제시해 주어야 할 것이다.

국악방송 전국화 등 미디어 지원 기능 등의 노출 확대를 받는 국악과 같이 유튜브가 아닌 토종 통제 가능한 플랫폼을 지원하고, 독서와 문학 간 관계의 이해를 바탕으로 소비생산이 선순환할 수 있는 지원 법령 체계 등을 분석하여 고전음악의 문화예술 향유권을 지지하여야 할 것이다.

고전음악은 세계적인 보편적 언어로서 소통의 가치가 높으며, 모든 음악에 있어 근간예술이자 국가의 위상 확보에 활용할 수 있는 가치가 높은 예술이다. 궁극적으로 국가가 공연을 어떻게 보는가는 국민의 소통과 표현을 어떻게 보는가와 밀접한 연관이 있다.

공연자와 공연의 소재, 공연장소, 관객층 누구나 국민이 예술을 선택하는 자유에 장애가 없이 예술의 자유를 넘어서 표현의 자유로 이해되어야 한다.

그러한 국민 간의 소통의 기회를 제공하는 예술경영인, 기획, 조직화, 인력관리와 캐스팅, 감독과 통제에 이르는 전문가들을 지원하는 것은 국가의 책무이다. 현재 영상제작자는 「저작권법」상 특례규정이나 투자자본 회수 등을 위해 한미FTA 등을 통해 지원하고 있으나 공연제작자는 「공연법」상 공연주재자라는 표현만이 있을 뿐 그 어디에도 지원되고 있지 않다.

현재 「공연법」은 2001년 5월 24일 제5장의 17조에서 30조가 삭제된 채 20년 동안 모든 문화예술인과 정책가의 관심 밖에 있었다.

총 43조의 「공연법」에서 반이 삭제된 채, 연소자유해공연물의 판단도 「영화비디오법」상 영상물 등급위원회에서 받고 있고, 공연예술통합전산망과 1,000석 기준의 무대시설안전진단 규정을 제외하고는 공연의 진흥이라는 원래 목적을 달성하려는 의지가 보이지 않은 폐가 같은 법률이라는 지적을 받아 왔다.

오늘날 어려운 고전음악 업계를 일으켜 세워 아름다운 음악이 세상에 가득하도록 하게 하면 내일은 그 음악이 다른 지친 국민들을 일으켜 세워 줄 것이다. 국가가 부디 「고전음악진흥법」상 고전음악진흥체계를 마련하고 「공연법」 개정을 통해 공연제작자, 예술경영인의 지위를 정립시키고 지원해 주기를 기대한다.

메가경제, 2020. 8. 27.

공유저작물 이용활성화 정책을 전면 되짚어야 한다

신인 감독들이 예전 화면들을 구하기 위해서 노력하는 모습을 옆에서 바라보는 것은 매우 눈물겹다. 1990년대 외주정책이 들어오기 전까지 대부분 저작물의 저작권은 지상파 방송사들이 가지고 있기 때문에 지상파가 이를 풀지 않는 한 영상물을 얻을 수 없어 신인 감독들은 고증되지 않은 상황에서 제작을 하기도 한다.

지상파가 일부 허락한 것들 역시 민간에게 저작권 사용료를 내면 주겠다고 하지만 30초에 200만 원(별도 세금 20만 원)을 내라는 등 비싼 비용을 지불해야 하다 보니 모든 저작물의 다른 가격과 조건은 영상제작에서 예상하지 못하는 가장 큰 변수가 된다. 그럼에도 권리자 측면에서의 독점가격 제시이기 때문에 필요하다면 어쩔 수 없이 그 조건에 따를 수밖에 없다.

그러나 국민의 입장에서는 세금, 시청료, 광고도 봐주고 있는 마당에 방송사가 내라고 하는 턱없이 높은 저작물 사용료는 「저작권법」을 침해하라고 부추기는 환경으로밖에 이해되지 않는다.

이는 신탁단체의 사용료 제안도 마찬가지인데 개인별로 허락하는 시장을 조사하여 평균을 내는 형식이 아니라 그냥 신탁단체의 일방적 결정으로 공정가격이 정해지기 때문에 이용자 입장에서는 불공정 가격으로밖에 이해되지 않는다.

권리자 측에서도 저작물 사용료 시장은 허락 없이 사용하는 사후 보상금 사용료가 신탁단체에서 징수하는 가격이나 사적 합의로 만들어진 저작물 거래시장의 가격보다 더 현저히 낮은 것에 대해 불만을 가질 수밖에 없다.

 오히려 사전 허락을 하였기 때문에 가격을 더 낮춰야 한다는 의견이 있기도 하다. 공익적 목적이라고는 하지만 권리자 단체가 승인받는 사용료 징수 규정을 전혀 참고하지 않는, 허가 없는 국가가 일방적으로 만들어 놓은 보상금 사용료는 권리자들에게 큰 불만이 될 수밖에 없다.

 또 그 보상금 사용료 기준에 대한 설명이 없어 매해 교과용 도서보상금이나 여러 사후보상금 기준이 공시되면 많은 권리자가 난색을 표하고 있다.

 다시 신인 감독의 고충으로 돌아가 보자. 1990년대 이후에도 방송 분야의 외주제작표준계약서가 널리 보급되기까지 20여 년 넘게 방송사는 제작사의 우위에 서서 편성권이라는 힘으로 저작권을 일방적으로 확보해 왔기 때문에 제작사는 지상파의 허락 없이는 예전 화면을 여전히 구하기 어렵다.

 지상파 방송사들의 저작물 사용료가 턱없이 높다는 데 분노한 신인 감독들은 이를 대체할 만한 화면이 있을까 하여 국가기록원이나 영상자료원에 문의하여 예전 화면을 구하려다가 다시 한번 쓰디쓴 고배를 마시게 된다.

 즉, 예전 화면을 구하려고 하면 포스터만 남아 있고 필름은 유실되었거나 디지털화되어 있지 않아 이에 대해 신인 감독들은 별도의 노력을 기울여야 한다.

 즉 디지털로 촬영하는 부분에 대해서 2차적 저작물 작성권이라는 해석이 있어 결국 권리자를 찾아 별도로 허락을 구하는 수고는 신인 감독이 해야 하고, 만일 고아저작물(저작권자를 알 수 없는 저작물)이라도 법정 허락제도라는 제도를 이용하느라 상당 기간을 허비해야 한다.

이러한 애로점을 줄이기 위해 민간 운동인 셀수스협동조합이 만들어 졌으나 순수하게 이미지와 영상물로 기부받은 것을 요청하면, 나누어 주는 형식을 장벽 없이 나누어 주고자 하여도 서버를 유지하거나 하드웨어 구입 가격이 만만치 않다.

국가기록원 등 국가가 가진 저작물을 쓰기 위해 신인 감독들은 세금으로 낸 저작물을 사용함에도 불구하고 상당한 기간 심의와 허가 불승인을 견뎌야 하며 그것을 이용하는 범위와 조건도 협소하다.

예를 들어 '1980년~1990년대 즐거웠던 한때'라는 행사의 영상을 제작하기 위해 결혼이나 제사 등의 문화양식 영상물을 제작하려고 하더라도, 별도의 디지털화하려는 노력을 신인 감독들이 개별적으로 해야 할 뿐만 아니라 향후 본인이 디지털화한 작품을 다시 사용하려고 해도 별도의 허가와 승인을 또 견뎌야 한다.

많은 신인 감독들은 선배들이 이처럼 필요한 최소 문화양식 아카이브도 공동으로 구축해 놓지 않고 뭘 했냐고 원망하고 있다. 유일한 민간 자발 콘텐츠 공유 운동인 셀수스협동조합 역시 그러한 목적에서 후배들에게 조금이라도 도움이 되고자 결성됐지만 몇십 억 공동아카이브를 운영하기에는 역부족이다.

결국 20여 년 후 후배 신인 감독들도 똑같이 현재의 허약한 영상제작 환경을 물려받아 동일한 불만을 가지게 될 것이다.

미국처럼 영화제작자가 오랫동안 법인존속력이 부족하여 자기 저작물을 지키고 있을 수 없다면 지금의 신인 감독들이 선배가 돼 있을 2040년에도 역시 신인 감독들은 이렇게 선배들에게 물어볼 것이다. "4차 산업 혁명시대, IT 시대에 이런 고민이 있었음에도 왜 해결하지 않고 아무것도 하지 않았느냐."라고 말이다.

법이란 이와 같이 미래를 위한 적립으로서 공동의 합의를 모을 때 필요한 것이다. 공동아카이브 구축과 국가가 가지고 있는 공공저작물 일체의 사용조건과 범위, 승인과 활용 등 전반에 있어 불편함을 제거하여 누구나 저작물을 접근하고 활용할 수 있게 해야 한다.

디지털로 최초로 복원하는 영상제작자의 권리를 인정해 주고, 공동으로 아카이브를 사용할 수 있게 묶어 주며, 공정한 이용조건에 대해 논의할 수 있는 협의체를 구성하게 하며, 심의승인과 활용 전반에서 신인 감독들의 불편을 걷어 내야 한다.

과거의 문화를 기초로 자유롭게 시놉시스를 쓰고 맘껏 영상을 제작할 수 있도록 신인 감독들의 창작환경을 세심하게 고려해 주어야만 '봉테일' 같은 현실감 있는 영화, 진정한 기록 차원의 다큐멘터리가 지속하여 등장할 것임을 잊어서는 안 될 것이다.

영상물은 기록유산적 가치가 높고 시간이 지나면 문화재가 될 수 있는 소중한 자산이다. 영화제작환경이 다른 우리나라에서 한미 FTA를 통해 영화제작자 중심의 규정이 입법되었다는 것만으로 영상제작환경이 선진화된 것이라고 생각해서는 안 된다.

베른협약을 맨 마지막으로 가입한 미국의 영상제작환경과 우리의 제작환경은 너무 다르다. 우리 영상제작자들을 위해서는 우리 법이 필요하다.

개인콘텐츠 시대에 공공저작물의 민간 활성화를 추진하고 이에 걸림돌이 되는 저작권 정책을 대폭 수정함으로써, 신인 감독들이 비싼 저작물사용료와 예전의 저작물에 접근할 수 없어 고증되지 못한 작품을 만들 수밖에 없는 안타까운 현실이 사라지도록 공유저작물에 대한 본질적인 고민이 필요하다.

    결국 이 시대의 법에서 저작물 그 자체가 중요한 것이 아니라 사람과 사람의 소통이 중요하기 때문이다.

※ 이 글은 필자가 영화 「나는 고양이로소이다」를 만든 조은성 감독과의 대화를 통해 저작했습니다.

메가경제, 2020. 8. 31.

문화영향평가제도의 삭제를 요청한다

문화란 교육, 학문, 예술, 언어, 종교, 법률 등 인간의 정신적·창조적 산물이다. 「문화기본법」에서 문화는 문화예술, 생활 양식, 공동체적 삶의 방식, 가치 체계, 전통 및 신념 등을 포함하는 사회나 사회 구성원의 고유한 정신적·물질적·지적·감성적 특성의 총체를 말한다.

모든 국민은 성별, 종교, 인종, 세대, 지역, 정치적 견해, 사회적 신분, 경제적 지위나 신체적 조건 등에 관계없이 문화 표현과 활동에서 차별을 받지 아니하고 자유롭게 문화를 창조하고 문화 활동에 참여하며 문화를 향유할 권리, 문화권을 가진다. 이와 같이 문화권은 인간의 삶을 채우는 신선한 공기라고 할 수 있다.

「문화기본법」에는 정부가 2016년도부터 국민의 문화권을 위하여 제5조 제4항과 시행령 제2조에 따라 문화영향평가를 하도록 하고 있다. 이를 문화관광연구원이 담당하고 있는데, 문화영향평가란 국가와 지방자치단체는 각종 계획과 정책을 수립할 때에 문화적 관점에서 국민의 삶의 질에 미치는 영향을 평가하여 문화적 가치가 사회적으로 확산될 수 있도록 하는 것으로, 현재는 일방적 평가가 아니라 문화적 관점에서 정책을 진단하고 정책대안을 제시하는 문화컨설팅의 방식으로 되어 있다.

문화영향평가의 성공적인 사례라며 홍보하는 사례를 보면, 물리적 하드웨어 조성에 치중하던 곳을 지역문화재단의 사업과 연계한 문화프로그램 운영을 통해 소프트웨어 보완방안을 제시하고 공간이용자 수요를 고려한 문화프로그램의 기획 및 운영제안을 했다거나, 획일화된 체험프로그램에 대해 지역 고유의 멋과 맛을 경험할 수 있도록 마을 고유한 이야기를 담도록 컨설팅했다는 내용 등이다.

현재 중앙행정기관의 장과 지방자치단체의 장은 문화적 가치의 사회적 확산 및 국민의 삶의 질과 밀접한 관련이 있는 계획과 정책을 수립하는 경우 「문화기본법」에 규정된 문화영향평가를 하여야 한다.

그런데 문화적 가치가 아닌 일이 무엇인지 오히려 알 수가 없다. 실질적으로 문화영향평가의 활용은 그저 문화체육관광부가 하는 사업이 너무 많아 고민하고 있는 대상에 대해 사업 안내를 하는 것에 불과한데, 평가지수나 사후대책이 명확하지 않은 이 제도가 국민의 세금만 낭비하는 것이 아닌가 한다.

「문화기본법」이 지키고자 하는 가치인 "모든 국민은 성별, 종교, 인종, 세대, 지역, 정치적 견해, 사회적 신분, 경제적 지위나 신체적 조건 등에 관계없이 문화 표현과 활동에서 차별을 받지 아니하고 자유롭게 문화를 창조하고 문화 활동에 참여하며 문화를 향유할 권리"는 인권영향평가와 무관하지 않다.

인권영향평가는 서울시 본청 인권조례 8조에 따라 시민 누구나 접수할 수 있는데 정부나 기관의 활동으로 인해 인권에 미칠 수 있는 실제적, 잠재적 인권 침해적 리스크를 파악하고 그중에는 입장 및 이용제한으로 인한 문화권 제약, 장애인의 문화권 제약, 일반인의 공공시설(극장 포함) 이용 시 반환비용 불합리 등 문화권 제약 등도 포함되어 있다.

이에 대해 국가인권위원회는 인권의 보호와 향상에 중대한 영향을 미치는 재판이 계속 중인 경우, 법원 또는 헌법재판소의 요청이 있거나 필요하다고 인정할 때에는 법원의 담당 재판부 또는 헌법재판소에 법률상의 사항에 관하여 의견을 제출할 수 있고 그와 관련한 시정권고도 내릴 수 있게 된다.

문화영향평가는 인권영향평가와 다른 개념이라고 보기 어려우며, 문화체육관광부가 「문화기본법」상 굳이 이를 운영하여야 할 만한 특별한 전문성도 보이지 않는다.

현재 운영하고 있는 특색 없는 상품으로 차별화하거나 수익확대가 어려운 경우 지역예술가와 협업하라고 했다는 수준의 문화컨설팅은 각 공공기관의 사업 안내 창구에서 친절하게 하고 있는 내용이라 문화영향평가의 특색이라고 이해할 수 없다. 이에 「문화기본법」 제5조 제4항은 삭제하여야 할 것이다.

메가경제, 2020. 9. 10.

출산장려 정책보다 문화적 상대주의 수용하는 다문화 지원 정책 필요하다

중앙자살예방센터의 발표에 따르면 올해 들어 지난 6월까지 모두 6,278명(잠정치)이 극단적 선택으로 목숨을 잃었다. '언택트'가 일상화되면서 대면으로 하던 자살예방체계는 거의 작동하지 않고 있고 그러는 가운데 20, 30대 여성의 자살률이 증가하였다.

가장 건강하고 인생에 있어서 아름다운 날을 보내고 있을 거라고 생각하는 젊은 여성들의 자살률은 우리 사회의 절망적 지표를 말해 주고 있다.

정부는 출산율이 급감하는 것에 대해 많은 출산 장려 정책을 제안하고 있지만, 더 이상 출산을 통해 국민을 태어나게 할 수 없다면 근본적으로 미래의 국민은 누구인가에 대해 생각해 보아야 한다. 즉, 그 이면에는 진짜 한국인은 누구인가라는 담론에서 보다 자유로워져야 함을 의미한다.

지구상 살고 있는 여러 민족 중 유전적으로 단일한 혈통으로 구성된 민족은 없으며 한민족 역시 수많은 외침과 전쟁 속에서 여러 민족의 피가 섞일 수밖에 없었다.

고조선은 건국과정에서 북방과 황하 지역의 사람들과 홍익인간 이념으로 나라를 세웠고, 광개토대왕비에는 부여 왕자들이 한나라 왕세자비를 맞이하였다고 하고 있으며, 고구려 주몽은 주변 나라들을 병합하여 나라를 세움에 있어 다른 핏줄을 받아들여 영토를 확장해 나갔다.

즉, 삼족오(三足烏)는 세 발 달린 그릇과 까마귀를 신성시하는 부족을 통합하기 위한 전략이었다.

삼국유사 역시 신라가 이미 남방세력과 해상교류가 있었을 뿐만 아니라 한민족의 핏줄에는 이미 타 민족의 피가 섞여 100% 순수한 단일 혈통은 아니었음을 단적으로 밝혀 주고 있다.

6.25 전쟁 이후 우리는 단군신화를 절대화하게 되었고 고조선, 삼국시대, 고려시대, 조선시대로 이어지는 순수혈통을 주장하는 민족주의가 고도화되었다.

이것은 일제강점기 내부 결속을 위한 방안의 하나로 동질성을 강조하는 부분이 되었고 해방 이후 저항적 민족주의를 통해 단일민족주의라는 관념이 굳어졌다.

그러나 전 세계 200여 개 국가 중 아이슬란드 등 소수 국가와 함께 단일문화를 고수하는 한국에는 이미 160만 외국인들이 함께 생활하고 있어 다인종, 다문화 사회로 접근하고 있다.

「문화다양성 보호와 증진에 관한 법률」은 2014년 5월 28일 법률 제12691호로 유네스코의 '문화적 표현의 다양성 보호와 증진에 관한 협약' 제9조에 따른 국가보고서를 작성하여 위원회의 심의를 거친 후 유네스코에 제출하여야 할 의무로서 제정된 문화부 입법이다.

총 15조로 구성되어 있는 이 법률에는, 정부는 문화다양성에 대한 국민의 이해를 증진하기 위하여 매년 5월 21일을 문화다양성의 날로 하고, 문화다양성의 날부터 1주간을 문화다양성 주간으로 한다고 규정되어 있다.

문화적 상대주의는 민족과 주어진 사회환경에 따라 객관적이고 보편타당한 기준이 없으며 주류 문화는 비주류 문화가 있기 때문에 공존에서 빛나는 가치가 생성된다.

세르반테스는 돈키호테에서 "우리 가문에는 유명한 포도주 감정가 두 사람이 있어요. 한 번은 이 두 분이 포도주를 감정했는데 한 분이 약간 쇠 맛이 난다고 했고요, 두 번째 분은 코로 냄새를 맡더니 산양가죽 냄새가 조금 난다고 했지요. 주인은 두 사람의 평가에 코웃음을 쳤지만 나중에 술통을 다 비우고 보니까 산양가죽 끈이 달린 열쇠가 그 바닥에 있었대요."라고 말한다.
　술통의 문화와 같이 보다 다양한 문화의 접근과 표현의 예술지원정책은 우리 정서에 스며들어 문화적 다양성을 당연하게 받아들일 수 있게 해 줄 것이다.
　물론 시대에 따라 관심을 받지 못하는 예술이 있기도 하다. 난해하거나 민족주의를 내세우거나 선량한 풍속의 기준은 시대에 따라 조금씩 달라지기 때문이다. 그러나 다양한 해석과 다양한 표현이 존재하면서 세상은 보다 진실에 가까워지고 가장 소박한 정의는 다양한 사람들이 전달하는 진실을 공유함에 있게 된다.
　다문화의 수용은 문화적 다양성 견지에서 모든 문화를 무조건적으로 받아들이라는 의미가 아니다. 문화적 차이에 따른 사회, 경제적 불평등을 극복하도록 개인과 사회가 노력하여야 한다는 의미이다.
　때로는 그들 눈에 비친 대한민국이 너무 아름답거나 너무 끔찍하더라도 그것이 있는 그대로 존중되는 너그러움이 필요하다. 그러한 관용이야말로 다양한 문화의 전제조건이고 세계를 무력이 아닌 문화로 의사소통하는 문화의 강력한 힘이다.
　문화에 주류는 누가 정하는 것이 아니며 주류와 비주류, 내 편과 너의 편을 나누지 않고 끝까지 보고 경청하는 것은 그 나라 민족성의 성숙함을 방증한다.

문화에서 비주류와 주류를 판단하는 차별성은 어디까지나 정부가 지원을 위하여 고려하는 내부적 기준이어야 할 것이며, 특정의 소수자 집단이 무시되거나 차별받는 것을 방지하고 차이에 근거한 정치, 사회, 경제, 문화적 갈등을 해소해 가도록 노력하여야 한다.

「다문화가족지원법」이 여성가족부 소관 법률로 있고 「문화다양성보호증진법」은 문화체육관광부 소관 법률에 있지만 양 부처는 긴밀하게 협업하여 다문화가족 등에게 문화예술교육과 표현의 기회를 주는 데 세심한 배려가 요구되며, 일반인들도 다문화를 배울 수 있는 기회를 제공하여 그들이 일방적으로 한글 배울 것만을 강요해서는 안 된다.

현재 「지역문화진흥법」에 근거한 문화회관과 문화원 등에서 그들을 위한 프로그램을 보다 확대하고 일반인도 다문화를 이해할 수 있도록 지금보다 더욱 다양한 역사와 문화프로그램을 운영하여 그들과 함께 사는 진짜 다문화 사회로 나아갈 수 있도록 해야 할 것이다.

메가경제, 2020. 9. 17.

뮤지컬 영상으로 중국 진출하는
제작사 대표님들의 불법복제 걱정에 대하여

굳이 방탄소년단(BTS)을 예로 들지 않더라도 중국은 최근 들어 한국 영상물에 대한 높은 관심을 가지고 있다.

최근 들어 중국에 진출하는 뮤지컬 영상 제작자분들의 질문이 급증하고 있는데, 중국에게서 수익을 보전하려면 어떻게 하면 좋겠느냐는 것이다. 올해 5월에 한 뮤지컬 제작자분의 공연을 중국에 진출하는 것을 도우면서 느꼈던 결론은 다음과 같다.

첫째, 우리나라 공연제작자들은 중국과 계약할 때 신뢰관계를 기반으로 하여 단순히 배급계약(그러니까 공중송신권 가능 여부, 부율, 지급 시기만을 적는 형식의 단순 이용허락 계약)으로만 계약하지 말라는 것이다.

중국에서 라이선싱을 요청한 회사에게 중국 내 배타적 양도 기간을 명확히 하여 저작재산권자나 배타적 발행권자로서 권리를 명확히 해 주는 계약을 하게 되면 소송대리도 중국 내에서 겸할 수 있게 된다. 이렇게 해서 중국 내 벌어지는 일을 우리나라의 공연제작자 대신 모니터링하도록 하게 하는 것이 좋다.

중국의 에이전시사(배급사)가 저작재산권자나 배타적 발행권자가 되면 중국 내에서 소송을 대리할 수 있는 정당한 권리자에 해당한다. 이 때문에 만일 저작권 침해자들이 있으면 에이전시사가 갖고 있는 중국 내 영상물 상영과 방송, 전송에 대한 독점, 배타적인 권리를 활용하여 중국 내 다른 개인이나 회사가 이용허락을 하게 하는 것을 원활히 할 수 있다. 또 자신의 권리를 보전하기 위하여 우리나라 공연제작사를 대신하여 침해금지청구와 손해배상, 형사고발 등을 할 수 있을 것이다.

둘째, 중국이 그동안 한류콘텐츠의 저작권 침해를 해 왔던 것은 사실이지만 국내 공연제작사 입장에서는 중국공연제작사를 신뢰할 필요가 있다.

모두 알다시피 국내 콘텐츠 제작에는 저작권 법리가 적용되고 유통에 있어서는 인터넷상 「정보통신망 이용촉진 및 정보보호 등에 관한 법률」상 음란물 등 불법 정보가 되지 않아야 하며, 「방송법」과 「신문진흥법」상 미디어 규제기준을 지켜야 한다. 또한 게임물, 영상물, 공연물은 게임물관리위원회와 영상물등급위원회에서 청소년 유해기준을 중심으로 하여 등급 등을 받아야 하고, 명예훼손, 초상권, 개인정보권, 지식재산권 등을 존중하여야 한다.

중국의 경우도 마찬가지로 영상물로 중국에서 공중 송신되게 하거나 방송이 나가게 하려면, '온라인시청각 정보시스템업그레이드에 관한 통지' 조례 등에 따라 제작사는 영상제작 계획과 관련해 국가광파총국에서 행정심사를 받아야 한다. 이를 통해 계획등록번호를 받고 공시한 뒤 이 계획등록번호를 등록하여야만 방영, 홍보, 투자유치 등을 할 수 있다.

이러한 두 번의 등록과 두 번의 공시를 우리나라 공연제작자가 원활히 하는 것은 쉽지 않다. 물론 한국저작권위원회, 한국저작권보호원의 중국 사무소 등에서 약간의 도움을 줄 수 있겠지만 결국 판권국과 원활한 소통을 현지인보다 잘하기란 쉽지 않다.

또한 공연제작물의 영상화에서 심도 있게 다뤄지는 조례로는 '온라인 오디오비디오 정보서비스 관리규정'이 있다. 여기에는 이미 유통된 공연제작물이라고 하더라도 중화인민공화국「사이버안전법」에 따라서 미성년자 보호나 지식재산권 보호 등에서 문제가 있는 경우 바로 공안에 고발조치당하는 것으로 되어 있다.

그런데 미성년자 보호 등 여러 가지 사이버안전에서 말하는 불법정보의 정서는 우리나라와 딱 떨어지지 않기 때문에 중국인들의 정서 판단 등 중국인의 도움 없이 영상물의 업로드를 유지한다는 것은 정말 어려운 게 사실이다.

셋째, 2020년 4월 26일, 중국은 상무위원회에서「저작권법」을 올해 내 개정하겠다고 밝히고 초안을 공개한 바 있다.

세계적 추세에 맞추어 대부분의 규정을 갖추었으며, 2019년 광동성 고급인민법원에서는 '온라인게임 중계권에 관한 저작권 침해를 인정' 하였고, 대부분의 사건에서 국내외를 차별하지 않고 저작권 침해에 대해 중국 공안국이 직접 침해단속을 벌이고 있다. 이 과정에서 적발된 불법콘텐츠 유통업자에게 실형을 선고하는 등 지식재산보호에 대해 최근 분위기가 달라졌다.

물론 중국은 국토가 넓고 지역 보호주의 문제가 있으며 기층인민법원과 중급인민법원, 고급인민법원, 최고인민법원의 4급 2심제로 3심제인 우리나라와 달리 1심이 무엇보다 중요하여 사활을 걸고 1심에서 이겨야 한다는 고충이 있기는 하지만, 절차법과 상관없이 중국이 더 이상 자국보호적인 판결만 일삼는 것은 아니라는 것이다. 그러므로「국제사법」제25조 제1항은 "계약은 당사자가 명시적 또는 묵시적으로 선택한 법에 의한다."라고 규정하고 있는데 중국 내 사건 분쟁이 생기는 경우와 중국 밖에서 사건 분쟁이 생기는 경우를 구별하고 있다. 중국 내에서 벌어지는 모든 분쟁에 대해서는 중국 내 일정 기간 동안 저작재산권을 양도받은 중국

에이전시사가 모두 대응할 수 있도록 하고, 대신 그에 따라 발생하는 수익의 지분도 우리나라 공연제작사와 공평하게 나눌 수 있도록 하는 합리적인 계약을 하여야 할 것이다. 넷째, 계약, 합병 등 회사의 변동이 생겼을 때 이에 대해 공지하도록 반드시 규정하고 우리나라 공연제작자의 허락 없이 당해 계약이 양도되지 않도록 통제하여야 한다. 또한 중국 내 발생한 수익을 입금함에 있어서 세금에 대해 별도로 합의하여 부율의 정산을 명확히 하도록 하여야 할 것이다.

메가경제, 2020. 9. 25.

「저작권법」 내 퍼블리시티권 도입을 반대하며

14년 만에 「저작권법」 내 퍼블리시티권 도입은 「저작권법」 체계상 절대로 반영되어서는 안 되는 규정이다.

내 초상이 투영되었기 때문에 저작물의 권리자라고 주장할 수 있게 한다는 발상을 심어 주는 것은, 그동안 초상 등이 추구해 온 인격적 권리와 나날이 자본주의가 더 심화되는 사회에서 사람을 더욱 재산적 객체의 상업적 이용대상으로 볼 수 있다는 인문학적 가치에서도 금지되어야 한다.

때에 따라 초상이 영리적으로 고객 흡인력을 가지고 올 수 있지만 그 경우에도 부당이득에 편승한 행위를 제재하는 것이지 인격이 아니라 아예 재산적 가치로서의 초상을 조명하도록 해서는 안 되기 때문이다.

퍼블리시티권은 미국의 판례법 또는 성문법상 형성, 발전되어 온 것으로서 초상, 성명 등의 상업적 이용에 관한 권리라고 할 수 있다.

그 기원을 보면 명예훼손에서 프라이버시권으로 이어지고 퍼블리시티권으로 이론이 전개되어 왔다.

1890년 하버드 로스쿨 출신 워렌과 브랜다이스 교수가 '혼자 있을 권리'(right to let alone)의 프라이버시권을 이론화하여 사회적 평판을 침해하는 명예훼손 법리와 구별시켰고, 이어 1960년 프로서 교수가 프라이버시권 침해를 사생활의 침해(intrusion), 개인적인 일의 공개 내지 무단 공표(public disclosure of private facts), 오해를 낳게 하는 표현

(false light in the public eye), 성명이나 초상의 영리적 이용(appropriation) 네 가지로 유형화한 뒤 맨 마지막의 성명이나 초상의 영리적 이용에서 퍼블리시티권을 도출하였던 것이다.

인간대포 서커스맨인 '휴고 자치니'가 인간대포 발사 전 과정을 자신의 허락 없이 촬영한 오하이오 TV 방송사 '스크립 하워드' 사를 상대로 소송을 제기한 사건(Zacchini v. Scripps-Howard Broadcasting Co., 433 U.S. 562)의 판결에서, 1977년 미 연방대법원은 퍼블리시티권의 법적 성격이 재산권이라는 것을 판시하였다. 그럼에도 불구하고 미국조차 「저작권법」에서 퍼블리시티권을 별도로 규정하고 있지 않다.

명예훼손에서 발전한 퍼블리시티권 논의를 미국에서 이끌어 내기 이전에, 독일은 이미 1955년에 라렌쯔의 논문 등에서 인격권은 인격 그 자체에 대한 처분권을 포함하는 지배권이 아니라 자유로운 인격발현을 직접적인 보호법익으로 하는 권능들의 총체로 이해하려는 견해로서 「민법」에서 안착되었다.

어디까지나 인격권은 권리주체의 자유로운 인격 발현과 직접적으로 관련되어 있는 이익 및 권능이며, 인격권은 법률상 부여된 힘이 그 주체와 구별되는 외부세계의 재화를 향해 있는 물권이나 무체재산권(정신적·지능적 창조물을 독점적으로 이용할 수 있는 권리)과는 엄연히 구별된다.

이렇게 구별된 인격권이 독일에서는 개별적 인격권과 일반적 인격권으로 구별하였는데 이것은 독일 민법의 아버지들이 포괄적인 인격권의 도입을 거부하면서 인격권으로는 제12조에 성명권에 관한 규정만을 둔 것에서 비롯되었다.

독일 「민법」 「불법행위법」의 기본조항인 제823조 제1항에서 피침해법익으로 생명, 신체, 건강, 자유라는 인격적 법익을 언급하고 있기는 하지만 이들은 자기 결정의 요소를 내포한 권리가 아니라 법익으로서 소극적으로 보호되는 것이다.

따라서 독일 「민법」상의 인격권으로는 유일하게 성명권만을 인정하고, 이후 1907년에 초상권(초상은 그 주체의 사전 동의하에서만 유포되고 전시될 수 있다고 하면서 구 초상이 모사되는 것에 대하여 그 주체가 대가를 받았다면 의심스러울 때에 그 주체의 사전 동의가 있었던 것으로 인정한다는 내용)을 규정하면서 그 밖의 인격적 보호는 장래 어떠한 이익을 새로운 보호법익으로 삼을지 확정할 수 없는 유동적인 권리이기 때문에 액자권리(보호의 내용이나 범위가 명확히 인식될 수 없어 개별 사안에서 구체적으로 판단되어야 하는 권리)로서 개별적 인격권을 열거한 뒤, 이를 일반적 인격권에 의한 보호로서 메꾸었던 것이다.

독일의 인격권은 이러한 모호한 성격 때문에 「민법」상 권리로 인정하는 것이 필요했다. 이에 독일연방법원(BGH)은 1954년 나치스 관련자의 변호사가 업무상 보낸 정정보도 요구서신을 독자편지란에 변호사 개인의 의견표명인 것처럼 발표한 주간지에게 이를 철회하길 요구하는 변호사의 청구를 받아들였고, 1958년에 아마추어 기수의 사진이 그의 허락 없이 남성 정력제의 광고지에 이용된 사안(신사기수사건)과 인삼뿌리 사건에서 일반적 인격권 침해로 인한 위자료 청구권이 인정된다는 것을 명확히 했다.

이렇게 되면서 독일에서 인격권의 침해는 손해를 배상하는 데 있어 재산적인 손해를 배상하는 전보적 기능보다 위로와 만족적 기능의 위자료적 성격에 중점이 놓여 있다.

1994년 카롤리네 폰 모나코 판결에서는 독일 「민법」 제847조에 규정된 위자료와 인격권 침해 시 인정되는 비재산적 손해에 대한 금전배상은 본질적으로 다른 제도라고 하여 금전배상액을 높게 승인하였다.

이 판결은 통속잡지들이 카롤리네 공주와의 허위 인터뷰를 싣고 먼 거리에서 촬영된 파파라치 사진을 새로운 가족 앨범에서 나온 것이라는 허위사실과 함께 공표하였으며, 마지막으로 그녀의 결혼식에 관한 허위 보도를 하면서 당시 그녀의 애인과 그녀를 나란히 보여 주는 합성 사진을 공표한 데 대한 법원의 결정이었다.

BGH가 1950년대 중반에 이미 초상권을 재산적 가치 있는 배타적 권리라 하면서 그 침해자들에게 재산적 손해의 배상과 부당이득반환을 명하였고 그 이후로도 비슷한 취지의 판결들이 다수 있었지만, 1999년 말레네 디트리히 판결은 인격권 침해가 비재산적 이익의 보호에 봉사하는 것은 물론 더 나아가 재산적 이익의 보호도 행하는 것임을 명확히 하였다.

이 판결에 의하면 일반적 인격권 및 개별적 인격권은 재산적 구성부분과 비재산적 구성부분으로 이뤄져 있고, 그 주체가 생존해 있는 동안은 이 두 부분이 합쳐져 있다가 그 주체가 사망하게 되면 이 둘은 분리되어, 재산적 구성부분은 상속인에게 상속되고 비재산적 구성부분은 기존의 법리에 따라 유족들이 행사할 수 있는 금지청구권을 통한 보호에 놓인다.

이후 일원주의와 이원주의의 대립으로 이것이 표현되어 있는데 독일 「저작권법」이 기초한 특유의 일원주의에서 저작인격권과 저작재산권으로 구분되지만 이들이 불가분으로 결합되어 하나의 통합 저작권을 이루는 것으로 하여 우리 「저작권법」도 이 체계를 따르고 있다.

그리하여 독일 「저작권법」 제29조 제1항(① 사망으로 인한 처분행위의 이행으로 혹은 상속재산분할의 방법으로 공동상속인에게 양도될 수 있는 예외를 제외하고 저작권은 양도될 수 없다.)과 같이 저작인격권의 양도뿐만 아니라 저작재산권의 양도도 함께 불가능하다. 그러면서 한편으로는 저작재산권뿐만 아니라 저작인격권도 함께 상속되는 것이다(제28조(저작권의 상속) ① 저작권은 상속된다).

이원주의는 미국의 영감을 받아 된 것이지만 사람의 인격표지의 지나친 상업화에 대한 우려로 이원주의적 성질로는 인정하는 것이 아니다.

우리나라에서는 인격권을 적극적인 이용권으로 인식하지 못하고 외부의 침해에 대한 단순한 방어권으로만 인식하는 사고가 지배적이었던 예전과 달리, 「불법행위법」과 관련하여 피해자의 사전 동의라는 위법성 조각 사유 등 양 당사자 이해관계를 조정하는 부분 등이 이미 뒷받침되어 있고 재판에서 이 같은 권리를 보호하지 못하고 있는 것이 아닌데 굳이 「저작권법」에 들어오는 것은 말이 되지 않는다.

초상, 성명과 관련하여 구성되는 재산적 구성부분이 항상 저작물을 만들 때마다 나타나는 것도 아니고, 이것을 「부정경쟁방지 및 영업비밀보호에 관한 법률」도 아니고 「민법」이 아닌 「저작권법」에서 다루려고 하는 것은 이해할 수 없다.

인격권의 하나인 초상권은 초상의 촬영을 거절할 권리, 허락할 권리, 그것을 이용할 권리, 영리적으로 활용할 권리 등 다양한 지분권으로 나눌 수 있고, 고객흡인력이라는 애매모호한 표현을 통해 실연자나 저작자가 상업적 이익을 향유하는 것까지 「저작권법」에 규정하는 것은 부적절하다.

왜냐하면 인격권에 재산권적 성격이 인정된다고 하더라도 그것을 애초에 무체재산권으로 인정되는 저작권과는 전혀 다른 것이라는 점을 분명히 인식해야 하기 때문이다.

인격권은 인격발현과 직접적으로 관련된 권리이고 인격표지의 상업적 이용도 그러한 인격발현의 한 형태라는 것을 감안한다면, 인격주체의 가치관이나 개인적 사정의 변화에 인격표지에 대한 상업적 이용의 가능성이 민감하게 반응하여야 하는데 어디까지나 인격권의 문제는 인간 존엄에 기한 법익으로서 보호되어야 한다.

인간의 인격은 존엄한 것이지만 국민으로 살았기 때문에 가능한 것이므로 퍼블리시티권을 명문화하여 보호하고 상속하여 인격주체의 사후에 저작권과 달리 지속적으로 인정하게 되면, 상속인과 상속인이 아닌 가까운 유족이나 선임된 자가 일치하지 않을 경우 또는 그들 간의 이견이 있을 경우 불가피한 혼란이 일어날 것은 누구나 예상 가능하다.

현재 퍼블리시티권이 미국학자들의 주류에서 별도의 권리인 것처럼 인정되고는 있지만 어디까지나 인격권의 구성 부분이며 그 주체를 유명인에게만 한정하여 일반인에게는 없는 것처럼 차별의 법리를 두어야 하는 이유도 이해할 수 없다.

비록 유명인이 아닌 경우 그의 초상이나 성명 등 동일성표지에 성립한 재산적 가치가 그리 크지 않을 수는 있겠지만 유명인에게만 인정되고 다른 사람에게는 인정되지 않는다는 것은 인격권의 본질에 반하는 것이므로, 인격권의 일반 내용 중 지분권에 해당하는 퍼블리시티권을 굳이 「저작권법」에서 다룰 필요가 있는지 검토하여야 한다.

유명인이 선점한 이미지, 특정 포즈와 표정을 포함한 표현 등이 언론 등에서 상업적으로 이용한다고 해서 이에 대해 제한을 가하는 권리를 굳이 명문화한다면 반대이익으로 나타난 언론의 자유, 표현의 자유 등 헌법적 가치를 위협할 수도 있다.

특히 퍼블리시티권과 같은 것이 무단으로 이용되어 재산적 손해의 발생을 이끌어 내는 것으로 피해자가 계획하였던 광고계약이 좌절되는 등

구체적 손해발생범위, 통상적 라이선스료, 가해행위로 상대방이 얻은 이윤 등 현재 「민법」에서의 해석으로도 어려움 없이 대응할 수 있을 것으로 보인다.

그러므로 「저작권법」에 퍼블리시티권 정의를 두고 이에 대한 침해대응을 구성하려는 제반 법리는 사람의 인격표지 안에 있는 비재산적 이익과 재산적 이익의 통합적 보호 및 과도하게 인격의 상업화만을 드러내는 것으로 보이고 유명인과 일반인을 차별하는 권리로 볼 수 있다.

그런 만큼 단순히 실제 사안을 해결해야 하는 법원의 편의성만을 보지 말고 민법학자와 헌법학자를 구성하여 보다 심도 있는 논의를 통하여 입법과정에 편입시켜 주기를 바랄 뿐이다.

메가경제, 2020. 10. 3.

문화재 지킴이 법적 지위 제정 방향 ①
- 문화재 관련 법제 현황과 문제점

1592년 서울춘추관, 청주, 전주, 성주 등 4대 사고에 보관하던 『고려사』와 『조선왕조실록』이 임진왜란이 일어나자 전주 경기전에 있던 것을 제외하고 모두 불타 버렸다.

전주 경기전의 참봉 오희길은 태조 어진과 13대 명종까지 실록 805권 614책을 안전한 곳으로 옮겨야 한다는 사명감에 고민하다가 부근의 선비 손홍록을 찾아 도움을 요청했다.

56세 노령인 손홍록은 오희길을 돕기로 작정하고 친구 안의와 조카 손숭경, 하인 30여 명, 말 20여 필을 준비하여 내장산 용굴암으로 옮겨 1년 이상 숙직을 서며 안전하게 보존할 수 있었는데 이날이 6월 22일이었다.

1594년 신임 전라감사 이정암은 이를 확인하고 조정에 보고하였으며, 새로 출간한 것을 합해서 5부를 서울춘추관, 마니산, 태백산, 묘향산, 오대산 등 5대 사고에 봉안하여 귀중한 문화재가 전란을 무사히 보낼 수 있었다.

전란이나 자연재해 등 문화재에 위기가 닥쳐 국가 기능이 마비될 때 마지막까지 우리의 문화재를 지킬 수 있는 것은 바로 국민이다. 그러므로 국가는 국가의 위기가 왔을 때에도 문화재를 후손들에게 전달할 수 있는 체계를 마련하여야 하며 이것이 문화재 지킴이 양성과 시스템 마련이라고 할 것이다.

「헌법」제9조에서는 "국가는 전통문화의 계승·발전과 민족문화의 창달에 노력하여야 한다."라고 규정하고 있고 「헌법」제69조에서는 "나는 헌법을 준수하고 국가를 보위하며 조국의 평화적 통일과 국민의 자유와 복리의 증진 및 민족문화의 창달에 노력하여 대통령으로서의 직책을 성실히 수행할 것을 국민 앞에 엄숙히 선서합니다."라고 대통령 취임 선서를 명문화하고 있다.

그러므로 전통문화와 민족문화를 지키고 다음 세대에 전달할 책무를 국가가 진다는 것에 대한 마찰은 실제 없다.

그러나 「문화재법」이 단일법 시대(1910~2010)에서 복수법 시대(2010~현재)로 변모하면서 「문화재보호법」을 중심으로 「문화재위원회 규정」, 「무형문화재 보전 및 진흥에 관한 법률」, 「매장문화재보호 및 조사에 관한 법률」, 「고도보존 및 육성에 관한 특별법」, 「문화재수리 등에 관한 법률」, 「문화재보호기금법」, 「문화유산 및 자연환경자산에 관한 국민신탁법」, 「한국전통대학교 설치법」 등으로 대폭 증가하는 양상을 보이면서 기본법과 특별법, 우선 적용 등에서 문제가 보이는 법제가 발견되기 시작했다.

예를 들어 「민법」제255조는 '학술, 기예 또는 고고의 중요한 재료가 되는 물건'에 대하여 '문화재'라고 하고 있어 자연물을 문화재로 정의하기에는 무리가 있으나, 「매장문화재법」제2조 각호 3에서는 '지표·지중·수중(바다·호수·하천을 포함한다) 등에 생성·퇴적되어 있는 천연동굴·화석, 그밖에 대통령령으로 정하는 지질학적인 가치가 큰 것'도 '매장 문화재'로 보고 있다.

이러다 보니 법체계 통일상 3호를 삭제하고 「자연환경보전법」의 보호대상으로 삼아 관리체계를 달리 가지는 것이 바람직하다.

또한 문화재를 지킨다는 의미의 '원형보존'에 대하여 「문화재보호법」 제3조는 '원형유지원칙'을 말하지만 「매장문화재법」은 '현상보존'이라는 용어를 쓰고 있어 '원형보존 조치'의 원칙이 포기된 것으로 일반인에게는 보일 수 있다. 그런 만큼 이러한 용어도 통일시키고 그 의미를 명확히 밝히는 것이 중요하다.

그래야만 국가의 문화재보호원칙과 지역에서 하여야 할 문화재행정과 시민의 역할 범위가 명확하여 법의 목적에 맞게 의무를 분배할 수 있다.

우리가 살고 있는 지역에 문화재가 어디에 있는지를 알고 이를 활용하며 지키기 위해서는 국민 누구나 문화재에 대한 접근이 가능하여야 하고 문화재 지킴이를 중심으로 관련 지식과 보존방법 등에 대해 고민하는 문화재행정체계가 갖추어질 필요가 있다.

현재는 복수법 시대 문화재행정체계가 되다 보니 문화재 사무를 관장하는 문화재청과 이를 관장하는 문화체육관광부, 일반 공중의 관람에 제공하며 연구, 조사, 전통문화 계몽, 홍보, 보급 및 교류를 하는 국립중앙박물관, 국립국악원, 국립민속박물관 등 그 역할이 개별적으로 활성화되는 것으로 이어졌다.

그러나 보존, 관리하여야 하는 문화재 대상을 확정하고 이것이 공중에게 제공되는 데 있어 접근 및 활용 허가를 받는 체계가 매우 부족하다.

문화재와 관련한 위원회인 문화재위원회는 문화재(보호구역) 지정 및 해제, 문화재 등록 및 말소, 지정 문화재 수리 및 복구명령, 현상변경 허가, 국외반출 허가, 매장문화재 발굴허가, 보전행위 제한 및 금지, 시설의 설치·제거·이전 명령, 시도지정문화재 지정관리 권고사항, 문화재청장이 부의하는 사항을 조사·심의하므로 국민의 문화재 교육·접근·활용을 검토하는 위원회는 아니라고 하여야 한다.

또한 인력도 문화재위원 80명, 문화재전문위원 200명밖에 되지 않아 이러한 의무를 지우기는 쉽지 않아 보인다.

메가경제, 2020. 10. 8.

문화재 지킴이 법적 지위 제정 방향 ②
- 「헌법」과 국가의 책무

선조들이 물려준 그대로 후손에게 물려주고 문화재와 그 주위 환경의 파괴를 예방하며 현상불변경을 통해 문화재 및 환경 원형을 유지하는 일은 생각보다 쉽지 않다.

보물, 국보로 지정된 유형문화재나 사적, 명승, 천연기념물과 같은 기념물, 즉 형체가 존재하는 것뿐만 아니라 국가무형문화재로 지정하고 보유자를 인정하는 무형문화재나 중요민속문화재를 지정하는 행위는 역사적, 학술적 가치 등 가치 지향적이기 때문에 그 가치를 가장 잘 이해하고 소중하게 여기는 사람이 필요하다.

문화재를 보존하는 정책적인 수단에는 예방적 정책수단과 직접적 규제정책 수단, 간접적 규제정책 수단 등이 있다.

예방적 정책수단이란 문화재 행정계획, 보존에 영향을 미칠 우려 행위 공지, 사전 문화재의 영향성 검토, 화재 및 재난 방지 시설 기준 공지, 문화재 지표, 발굴 조사 등을 말한다.

또한 직접적 규제정책에는 허가제, 신고제, 행정명령제, 비문화재 확인제, 기록관리 의무제, 문화재조사제 등이 있고, 간접적 규제정책에는 보조금 등 재정지원, 문화재 세제혜택, 문화재관람료 징수, 포상금, 건설공사 시 문화재 보호경비 부담, 소규모 긴급 발굴조사 비용 지원 등이 있다.

문화재 국가 관리는 예산, 인력, 기술에 있어 한계가 있어 공공서비스

효율성 개선 및 확대를 위해 민간의 협력을 받는 것에 대해 적극적으로 검토하기 시작했다.

1945~1980년대에는 문화재애호주간, 문화재 애호단이 명예관리인을 위촉하였는데 2000~2005년에는 문화재 행정 모니터 제도, 2004~2006년 시민정책자문단을 운영했으며 2005년에서 현재까지는 문화재 지킴이를 활용하고 있다.

「문화기본법」 제9조는 "문화 진흥을 위한 분야별 문화정책의 추진"이란 제명 아래 "국가와 지방자치단체는 문화 진흥을 위하여 다음 각 호의 사항에 관한 문화정책을 수립하고 시행하기 위하여 노력하여야 한다."라고 규정하고 있다.

또한 「문화재보호법」 제15조는 "문화재보호활동의 지원 등"의 제목 아래 "문화재청장은 문화재의 보호·보존·보급 또는 선양을 위하여 필요하다고 인정하면 관련 단체를 지원·육성할 수 있다."라고 규정하고 있으며, 「지역문화진흥법」 제12조는 "협력활동 지원"이라는 규정 아래 "국가와 지방자치단체는 지역문화 활성화를 위하여 지역 간 및 지역과 기업 간 협력을 강화하기 위한 노력을 하여야 한다."라고 규정하고 있다.

「문화예술후원 활성화에 관한 법률」에서도 '문화예술후원'이란 문화예술 발전을 위하여 자발적으로 물적·인적 요소를 이전·사용·제공하거나 그 밖에 도움을 주는 일체의 행위라고 정의하고 있다. 이때 '문화예술'이란 「문화예술진흥법」 제2조 제1항 제1호에 따른 문화예술 및 「문화재보호법」 제2조 제1항에 따른 문화재를 말한다.

또한 「문화유산과 자연환경자산에 관한 국민신탁법」에는 '국민신탁'이라 함은 "제3조의 규정에 따른 국민신탁법인이 국민·기업·단체 등으로부터 기부·증여를 받거나 위탁받은 재산 및 회비 등을 활용하여 보전

가치가 있는 문화유산과 자연환경자산을 취득하고 이를 보전·관리함으로써 현세대는 물론 미래세대의 삶의 질을 높이기 위하여 민간차원에서 자발적으로 추진하는 보전 및 관리 행위를 말한다."라고 규정하고 있다.

여기서 '문화유산'이란 첫째는 「문화재보호법」 제2조 제1항의 규정에 따른 '문화재'와, 둘째는 첫째 규정에 따른 문화재를 보존·보호하기 위한 보호물 및 「문화재보호법」 제2조 제5항의 규정에 따른 보호구역을 포함하는 개념이다.

「문화재보호법」 제2조 제1항은 '문화재란 인위적이거나 자연적으로 형성된 국가적·민족적 또는 세계적 유산으로서 역사적·예술적·학술적 또는 경관적 가치가 있는 것'으로 규정하고, 유형문화재, 무형문화재, 기념물, 민속문화재로 분류하고 있다.

「문화재보호법」 제2조 제5항은 "보호구역이란 지상에 고정되어 있는 유형물이나 일정한 지역이 문화재로 지정된 경우에 해당 지정문화재의 점유면적을 제외한 지역으로서 그 지정문화재를 보호하기 위하여 지정된 구역을 말한다."라고 규정하고 있다.

따라서 첫째의 규정에 따른 문화재와 둘째의 규정에 따른 보호물 및 보호구역에 준하여 보전할 필요가 있다.

문화재보호 민간참여를 넓히는 것은 「자원봉사활동기본법」상 자원봉사활동 진흥정책과 밀접한 관련이 있다.

문화재 지킴이를 주축으로 하여 지역에서 국민 스스로 문화재를 지키고 보호하며 활발하게 문화재를 활용촉진하고 이용활성화하기 위해서는, 현재로서는 ① 「문화재보호법」 제15조 개정안 ② 「지역문화진흥법」 제12조 개정안 ③ 「문화예술후원활성화에 관한 법률」 제3조 등 개정안 ④ 「문화유산과 자연환경자산에 관한 국민신탁법」 개정안 ⑤ 「자원봉사활동기본법」 개정안 등을 검토해 볼 수 있으나, 아예 「문화재 활용촉진 및 이용활성화에 관한 법률」을 제정하여 궁극적인 단일법제를 두는 방법도 있다.

이러한 단일법제가 제정되어 명확하게 조례 제정의 근거를 두면 유형문화재뿐만 아니라 무형문화재도 함께 활용 촉진되고 국민이 정체성과 전통문화를 느끼며 이용하는 데 활성화될 수 있을 것으로 보인다.

문화재청에 의하면 경기도는 국가중요무형문화재 11종목과 시도지정 무형문화재 58종목을 보유하고 있다. 유네스코 세계유산인 수원화성과 조선왕릉, 남한산성도 경기지역에 위치하고 있다.

수원화성은 화성이라는 유형 문화재로 유네스코 세계유산으로 지정되었지만 융릉의 능제사인 융릉제향은 문화재로 지정되어 있지 않다. 경기도에 산재한 조선왕릉의 경우에도 능제사가 존재하지만 문화재로 지정되어 있지는 않은 상황이다.

유네스코 인류무형유산인 아리랑의 경우에는 지자체인 강원도와 정선군의 노력으로 유네스코 인류무형유산에 등재된 바 있다. 결국 지역의 노력이 문화재 지정과 보존에서 가장 중요한 쟁점이 아닐 수 없다.

무형문화유산은 형태가 없는 문화유산이므로 훼손과 멸실의 위험이 유형문화유산보다 크다고 할 수 있다. 따라서 지금 이 시간에도 멸실되는 무형유산이 존재할 수 있다.

또한 무형유산은 형태가 있는 문화유산이 아니므로 국가나 지방자치단체 차원의 보호나 전승도 중요하지만 국민들이 향유하지 않으면 존재감을 잃게 마련이므로 해당 지역의 주민들이 문화재의 존재를 아는 것이 그 무엇보다 중요하다.

따라서 자격관리는 국가가 하지만 지역마다 문화재보호 관련 이용활성화 조례를 두고, 문화재 지킴이들이 적극적으로 문화재의 위치와 상태를 이해하고 있어야 한다. 결국 비상시 문화재를 활용, 보존하기 위해서는 이를 지킬 수 있는 지방자치단체의 협조가 있어야 한다.

'문화국가'라는 개념은 1817년 프로이센에서 문화부를 만들어서 학문, 예술을 국가 고유의 것으로 여기고 촉진하면서 정립된 것이다. 그러나 제2차 세계대전 후 1949년 제정된 독일 「기본법」에서는 문화에 관련된 규정을 찾을 수 없었다.

2005년 독일은 국가목적조항으로 「기본법」 제20b에 "국가는 문화를 보호하고 촉진한다."라는 규정을 삽입할 것을 권고했으나 연방의회는 이를 받아들이지 않았다.

국가의 적극적인 문화촉진이 프로이센에서 학문과 예술의 발전에 기여하기는 했으나 연방차원의 통일적 문화정책을 통해 국가가 문화 전반을 장악할 수 있다는 점을 인지했던 것이다. 이 같은 결정은 1933년 나치에 의한 문화장악이 미친 깊은 반성 때문인 것으로 보인다.

국민에게 국가의 정책을 주입하면 문화촉진을 경제와 연결시켜 문화인들에게 국가 이데올로기에 맞는 문화를 생산하도록 하게 되고, 결국 주권자인 국민의 자기 결정 능력을 거세시킨다는 것이다.

그러나 전쟁의 피해국가였던 우리나라는 주권자인 국민의 결정에 의존하기에는 한계가 있어 문화국가의 원리를 달리 해석할 필요가 생겨났다. 더 이상 우리의 전통문화와 문화재를 침습당할 수는 없기 때문이다.

현행 우리나라 「헌법」은 문화국가원칙을 명문으로 규정하고 있지는 않다. 다만 「헌법」 전문 중 "유구한 역사와 전통에 빛나는 우리 대한민국은…"의 부분과 "정치, 경제, 사회, 문화의 모든 영역에 있어서 각인의 기회를 균등히 하고"의 부분, 그리고 제9조와 제69조 정도를 문화국가원칙

규정으로 볼 수 있을 것이다. 특히, 외래문화의 범람으로 인해 전통문화의 계승, 발전의 필요성이 인정되어 1980년 「헌법」부터 제9조에 '국가는 전통문화의 계승 발전과 민족문화의 창달에 노력하여야 한다'라고 규정하고 있음을 주목해야 한다.

이 규정에 근거하더라도 국가의 전통문화계승, 발전 및 민족문화창달을 위한 국가의 노력의무는 당연하다.

결국 국가가 민족문화유산을 보존하는 것은 「헌법」상 의무이며 문화재 보호의 근거라고 할 수 있다. 그러므로 그 행정체계를 마련하여야 하는 것은 국가의 책무라고 할 수 있다.

메가경제, 2020. 10. 15.

「공연법」 개정 통한 공연 영상화유통자율심의제도 법적 근거 필요성 ①
- 공연계의 두 가지 고뇌

문화에는 좋은 문화와 나쁜 문화라는 가치 평가가 있는 것은 아니다. 가수 정태춘은 음반 사전심의제도를 없애기 위해 나섰고 결국 1996년에 위헌 판결을 받아 내는 역할을 했다.

그러나 심의제도가 예술가들의 표현의 자유를 억압하는 부분도 크지만, 문화예술은 일반인의 가치관과 태도에 미치는 효과가 크기 때문에 이에 대한 예술의 윤리성과 교육적 효과에 치중하려는 국가의 정책이 많을 수밖에 없는 것도 사실이다.

그리하여 우리 사회는 문화를 형성하는 자유에 대해서는 관대하지만 이를 유통하는 데 있어서는 공서양속과 사회법규라는 통제수단이 존재한다.

대표적인 예가 「정보통신망 이용 촉진 및 정보보호 등에 관한 법률」 제44조의7 '불법정보의 유통 금지' 규정이다.

국가와 문화예술과의 관계는 상생과 상극의 관계에 있어 국가가 문화예술을 동반자로 여기고 진흥 정책과 내용 통제에 있어 무개입 원칙을 유지하면 다양한 문화예술이 꽃피우지만, 반대로 이를 통제하고 억압하면 문화예술은 은유와 숨기기를 계속하고 시들고 쇠퇴한다.

그러므로 민주주의 정부에서 공공복리를 위한 제한 원리는 어디까지나 공서양속(공공의 질서와 선량한 풍속)이라는 공공질서라고 할 수 있다.

결국 공서양속을 지키는 원리로서 국가는 청소년에게 미치는 영향을 중시하여 윤리성과 폭력성에 대한 검열과 사후 책임을 국민에게 묻게 되는 것이지만 국가가 이에 지나치게 집중하면 예술은 그 부담을 심하게 느낄 수 있다.

최근 비대면 공연이 증가하면서 공연을 동시중계로 방송하거나 녹화된 공연 영상물을 유통하는 것을 처음 경험하는 공연제작자가 많아 공연업계의 질문이 빗발치듯이 쏟아지고 있는데 주요 내용은 다음과 같다.

우선 영상물등급분류를 받지 않으면 온라인 공연을 유통할 수 없냐는 질의가 있다.

「청소년보호법」 제9조에는 다음 6가지 사항에 해당하는 경우 연소자에게 관람시킬 수 없고 이에 해당하는 선전물은 공중이 통행하는 장소에 공공연히 설치·부착하거나 배포할 수 없고, 같은 내용으로 관람을 권유하는 등 광고를 할 수 없다고 규정하고 있다.

6가지 사항은 청소년에게 성적인 욕구를 자극하는 선정적인 것이거나 음란한 것, 청소년에게 포악성이나 범죄의 충동을 일으킬 수 있는 것, 성폭력을 포함한 각종 형태의 폭력 행위와 약물의 남용을 자극하거나 미화하는 것, 도박과 사행심을 조장하는 등 청소년의 건전한 생활을 현저히 해칠 우려가 있는 것, 청소년의 건전한 인격과 시민의식의 형성을 저해(沮害)하는 반사회적·비윤리적인 것, 그 밖에 청소년의 정신적·신체적 건강에 명백히 해를 끼칠 우려가 있는 것이다. 만일 이를 위반하면 1년 이하의 징역 또는 1천만 원 이하의 벌금에 처한다.

공연자는 「영화 및 비디오물의 진흥에 관한 법률」에 따른 영상물등급위원회에 공연물과 선전물의 연소자 유해성 여부에 대하여 확인을 요청할 수 있으므로 이에 대해 위원회 등급을 받아 조언을 사전에 얻는 것이 좋다.

외국공연물의 경우 국가이익을 해칠 우려가 있을 때, 공공의 질서와 선량한 풍속을 해칠 우려가 있을 때, 국내의 공연질서를 문란하게 하거나 해칠 우려가 있을 때, 범죄행위를 정당화하거나 범죄 수단을 지나치게 자세히 묘사하는 것, 저속하거나 외설적인 언어를 사용하거나 그 동작을 묘사하는 것은 「공연법」과 그 시행령에 따라 공연이 제한될 수 있다.

외국인의 국내 공연 추천에 있어서도, 국가나 지방자치단체가 외국인을 국내에 초청하여 공연하게 하려는 경우, 외국의 단체 또는 개인이 종교의식·친목 또는 연구 발표를 목적으로 국내에서 공연하려는 경우, 국내의 단체 또는 개인이 종교의식·친목 또는 연구발표를 목적으로 외국인을 국내에 초청하여 공연하게 하려는 경우, 「공익법인의 설립·운영에 관한 법률」에 따라 설립된 공익법인이 사회 일반의 이익에 이바지할 목적으로 외국인을 국내에 초청하여 공연하게 하려는 경우 중 하나에 해당하지 않으면 「공연법」 규정에 따라 공연 자체를 국내에서 할 수 없다.

몇몇 엔터테인먼트사가 요청해 회의에 참여했을 당시, "팬들에게 가수가 전기통신장치를 통해 영상을 송신·수신하는 행위는 「통신비밀보호법」에 해당하여 자율심의 영역 밖에 있는 것이 아니냐."라는 질문을 많이 받았다.

우리 법률상 '공연'이란 음악·무용·연극·연예·국악·곡예 등 예술적 관람물을 실연(實演)에 의하여 공중(公衆)에게 관람하도록 하는 행위를 말한다.

따라서 일단 '공연'의 형태를 띠게 되면, (판매나 선전에 부수(附隨)한 공연은 제외한다고 하더라도) 청소년 유해 공연의 연소자 관람의 경우 1년 이하의 징역 또는 1천만 원 이하의 벌금에 해당할 수 있고, 또 위원회의 추천을 받지 아니하고 외국인의 공연물을 국내에서 공연한 자나 외국인 공연의 추천이 취소된 후 그 공연을 한 때에는 「공연법」상 3년 이하의 징역 또는 3천만 원 이하의 벌금에 해당하는 부분이 있으므로 유의해야 한다.

즉, 현재 자율심의처럼 운영되고는 있지만 실제 위원회의 지지 없이는 어렵다는 것이다.

현재 영상물등급분류제도는 사업자의 국적 구분 없이 국내에 유통되는 모든 영상물의 등급분류제도이므로 온라인서비스제공자의 책임 규정이 명확하게 마련되면 온라인에서 유통되는 공연 영상물은 영상물등급위원회를 거치지 않고도 자율적으로 등급분류를 할 수 있도록 자율등급제를 도입하는 것이 좋을 것으로 보인다.

이는 현재 빈번하게 이루어지는 인플루언서들의 유튜브나 페이스북 공연행위와 공연제작자의 공연행위가 합리적인 이유 없이 차별되지 않게 하기 위함이다.

둘째, 영상물은 개인의 창작물인 동시에 집단의 창의력과 기술이 결합된 종합예술이다.

일반대중에 대한 방송과 전송의 영향력이 거의 동일해짐에 따라 방송하는 영상물에 대해서는 술, 담배 등 광고의 엄격규제가 있는데 왜 전송하는 영상물에 대해서는 그런 규제가 없느냐는 질의가 많다.

「방송법」 시행령 제59조, 59조의2, 59조의3, 59조의4에는 방송광고의 일반원칙과 가상광고, 간접광고와 관련한 규제를 규정하고 있다(이는 나중에 다시 설명하고자 한다).

일례로 제59조 1항에는 "방송광고에 있어 방송사업자는 어린이를 주시청대상으로 하는 방송프로그램(13세 미만의 어린이를 대상으로 어린이의 건강한 성장, 정서 발달과 문화적 다양성 확립을 돕는 방송내용물을 말한다. 이하 같다)의 방송광고시간 및 전후 토막광고 시간에 화면 좌측 상단 또는 우측 상단에 화면 크기의 64분의 1 이상의 크기로 광고화면과 명확하게 구분될 수 있도록 '광고방송'이라는 자막을 계속하여 표기하여야 한다."라고 규정하고 있다.

공연의 영상화로 인하여 온라인서비스제공자의 플랫폼에서 빈번하게 영상물을 제공하는 것뿐 아니라 방송도 증가하고 온라인동영상서비스(OTT) 제공이 늘어나고 있다.

이에 따라 공연제작자는 방송광고와 동일규제로 영상물에 광고를 삽입해야 하는지, 한국인터넷자율정책기구의 온라인광고심의위원회의 인터넷 광고심의규정을 준수하면 충분한지 그 고뇌가 크다.

메가경제, 2020. 10. 22.

「공연법」 개정 통한 공연 영상화유통자율심의제도 법적 근거 필요성 ②
- 국가가 중심 잡고 협의체 구성해야

현재 영상물 등급분류를 받지 않고 영상물을 유통하면 「영화비디오법」에 따라 3년 이하의 징역 또는 3천만 원 이하의 벌금에 처해진다.

「공연법」은 그 목적에서 "예술의 자유를 보장함과 아울러 건전한 공연활동의 진흥을 위하여 공연에 관한 사항을 규정함을 목적으로 한다."라고 규정하고 있고 공연의 진흥을 위하여 여러 제도를 법적으로 모색하고 있다.

거듭하는 공연장 안전사고에 대응하기 위하여 공연운영자의 안전진단제도와 재해예방조치 등을 2015년에 도입한 이래 공연 유통을 투명화하기 위해 공연예술통합전산망을 2018년에 영화와 같이 도입하였으나 아직 공연제작자들의 경영지원은 미흡하여 선진적인 공연콘텐츠 제작 양상은 어려운 것이 사실이다.

이는 「공연법」에 대한 무관심도 그 몫을 하고 있다. 단적인 예가 2011년에 전체 43조 조문 중 14개 조문이 삭제되었음에도 전면 개정 없이 지금에 이르렀고 현재 문화체육관광부 직제상 공연전통예술과가 이를 전담하고 있어 국악에만 치중하는 인식을 주고 있는 점이다.

전통예술에 있어 클래식 공연의 경우는 서양악이라는 이유로 현대 음악의 기초가 됨에도 불구하고 별도의 지원이 존재하고 있지 않아 해당 업계는 별도의 특별법인 「고전음악진흥법」을 요구할 지경에 이르렀다.

최근 공연계는 코로나19로 인하여 현장예술이라는 강한 특수성에 따른 심각한 업계 타격을 받았지만 공연의 영상화와 이에 대한 유통 전반에 대해 국가의 행정지도와 입법적 공백은 너무나 크고 이를 공연업계 스스로 감내하고 있다.

더 나아가 신체의 자유 제한이라는 이유로 도입된 「저작권법」 제29조가 공연산업에 큰 위해를 끼칠 수 있고 베른협약의 경미한 원칙에도 위반의 소지가 있다는 지속적인 법적 지적에도 불구하고, 14년 만에 이루어지는 「저작권법」 전면개정안에서는 아예 논의 자체에서도 빠져 있다.

보상금을 기대했던 공연산업으로서는 보상금은커녕 수익을 담보할 수 있는 법적인 조력을 받을 기회조차 아예 받지 못하고 있는 것이다.

온라인 공연은 영화예술과 달리 생산되면서 소비되는 특수성이 존재하고 관객이 영상물 완성의 조력자라는 관점에서 볼 때 기존의 영상물등급분류제도를 그대로 적용하는 것은 어려움이 있어 보인다.

게임이나 웹툰의 경우 민관이 협치하여 자율심의제를 운영하는 것을 좋은 모델로 보는 학자들도 있으나 공연의 경우 수익만을 기준으로 공연계의 대표를 뽑기는 어렵고 공연계 특성상 다양한 공연이 동시 가능할 수 있으므로, 오히려 민간의 협의에 치중하는 것보다 국가가 중심을 잡고 협의체를 구성하여야 한다.

즉, 업계가 자율심의하여 제출하면 큰 문제가 없는 경우 이를 국가가 승인하고 사후적으로 불법정보에 해당하는 경우 「정보통신망 이용 촉진 및 정보보호 등에 관한 법률」 제44조의7 '불법정보의 유통 금지' 규정에 따라 처벌받게 하는 등 공연제작자보다 온라인서비스제공자의 책임 규정을 명확히 하여 수익이 있는 곳에 책임이 있음을 「공연법」 내 규정할 필요가 있다.

또한 「방송법」 시행령 제59조와 같이 영상물 내 광고 규정을 준용하여 전송과 방송의 영역이 허물어지고 있는 시대에 온라인광고심의위원회의 인터넷 광고심의규정 외 영상물 광고심의규정으로 통합하여 국민들이 이해할 수 있는 광고심의 일원화 노력이 절실하다.

현재 「공연법」 제5장 14조 정도에 해당하는 규정이 뻥 뚫려 있어 이와 같은 온라인 공연의 영상화는 「공연법」 전면개정을 통해 제5장에 대거 신설될 필요가 있다.

웹툰 자율심의 시스템은 입법이 아니라 규제기관과 피규제자 간의 자율적 협약에 의해 도입되어 매우 지지할 만하다. 하지만 새롭게 온라인 공연 영상화 사업에 진입하는 당사자들로서는 콘텐츠 내용 규제 제도에 불복하거나 그로 인해 법적 책임이 발생하였을 경우 지금보다 더 어려운 법적 쟁점의 국면으로 들어갈 소지가 명백하므로 도입에 신중을 기한다.

현재 국가는 대체적 분쟁 해결(ADR)로서 수많은 분쟁해결방식을 지원하여 국민의 분쟁해결비용과 시간을 경감해 주기 위해 최선을 다하고 있지만, 국가의 대안적 분쟁해결제도의 주류를 이루는 조정제도조차도 법적인 구속력은 없고 국민의 재판청구권을 침해할 소지가 많은 것이 사실이다.

그런데 웹툰 자율심의시스템과 같은 협약 방식으로 국가가 운영하게 되면 이에 대한 심의 목적이었던 청소년 유해의 문제와 같은 불법정보 유권해석을 하는 사법부와 행정부 아닌 별도의 목소리가 생겨나게 되어 국민들에게 혼란을 가중시킬 수 있다.

그러므로 운영의 안정성을 꾀하기 위해 영상물등급위원회가 업무를 보다 확장하여 담당하게 하거나 업무가 가중하다면 온라인 공연 영상물등급위원회가 별도로 구성되기를 촉구하고 이에 대한 근거를 「공연법」 제

5장에 신설할 필요가 있다.

  이때에도 「공연법」상 연소자 유해 공연의 범주 내에서 공정성을 유지할 수 있도록 일반인 누구나 이의를 제기하고 그에 대한 의견을 수렴할 수 있도록 열린 방식으로 위원회를 운영하여야만 국민의 재판청구권을 침해하지 않는다고 할 것이다.

메가경제, 2020. 10. 29.

소비자 보호를 위해 홈쇼핑 송출수수료 제한이 필요하다

홈쇼핑의 송출수수료는 중소기업들의 판매수수료와 직결되어 있어 결국 인터넷(IP)TV 3사의 채널사용료 인상은 중소기업들의 고뇌로 이어질 수밖에 없다.

방송통신위원회 집계에 따르면 IPTV 3사인 KT, LG유플러스, SK텔레콤 송출수수료는 2014년 1,705억 원에서 2019년 9,064억 원으로 증가했다.

홈쇼핑업체 12개사(홈쇼핑 7개사 + T커머스 5개사)의 매출 49.6%가 송출 수수료로 지급된 것이다.

방송사업 매출 증가보다 송출수수료 증가 폭이 워낙 커서 홈쇼핑 업체 방송사업 이익은 감소세이다.

올해 역시 LG유플러스의 20% 송출료 인상에 맞추어 다른 2개 회사도 송출 수수료를 20%로 협상하여 송출수수료만 2조 원이 넘는다.

결국 홈쇼핑 업체는 IPTV 3사에게 자신의 영업이익 50% 이상을 떼어내 주고 있는 셈이다.

이러한 송출 수수료의 문제는 판매수수료로 전가되어 물건을 제공한 중소기업과 소비자들에게 부담이 떠안겨진다.

홈쇼핑 업계가 송출수수료를 부담하는 이유는 매출과 직결되는 좋은 채널을 받기 위해서이다.

지난해 현대홈쇼핑은 LG유플러스와의 갈등 끝에 방송통신위원회 송출 수수료가 과도하다고 조정을 신청했지만, 결국 45일 분쟁 끝에 현대홈쇼핑 채널은 20번대 뒤의 채널로 밀려나기도 했다. 현대홈쇼핑은 LG유플러스와 송출수수료 협상을 마무리 짓고 지난 6월 황금채널로 꼽히는 10번대로 복귀하긴 했지만 송출수수료 문제는 여전히 뜨거운 감자로 남았다.

이처럼 채널 배분권이라는 강력한 권리는 홈쇼핑 사업자들이 입점업체로부터 받는 판매수수료의 50% 정도를 차지하고 있고 결국 판매수수료의 증가로 소비자들 부담이 큰 실정이다.

방송통신위원회는 홈쇼핑방송사업자와 납품업자 간의 공정한 거래 질서를 확립하고 상생협력을 도모하기 위해 '홈쇼핑방송사업자와 납품업자 간 상생환경 조성을 위한 가이드라인'(이하 '가이드라인', 2019년 1월 1일 시행)을 제정한 바 있다.

또한 과학기술정보통신부는 유료방송시장 표준계약서를 제정, 공포한 바 있다. 유료방송-홈쇼핑 방송채널 사용계약 표준계약서 제6조는 다음과 같이 명시하고 있다.

제6조(송출수수료) ① 이 계약에 따라서 홈쇼핑사가 유료방송사에게 계약기간 동안 지급하여야 하는 송출수수료는 ○○○원(부가세 별도)이다.
② 홈쇼핑사는 유료방송사에게 매월 송출수수료를 지급한다.
③ 제2항에 따른 송출수수료를 지급받으려는 유료방송사는 매월 ○○일까지 지급받아야 하는 송출수수료를 세금계산서에 기재하여 홈쇼핑사에 청구하여야 한다.

④ 제3항에 따라 송출수수료 지급을 청구받은 홈쇼핑사는 청구를 받은 다음 달 말일까지 송출수수료를 현금으로 유료방송사에게 지급하여야 한다.

⑤ 홈쇼핑사가 송출수수료 지급을 지체한 경우에는 연체금액에 대해 상사법정이자율의 지연이자를 유료방송사에게 지급한다.

그러나 결국 수수료의 제안과 같은 내용은 들어 있지 아니하다. 그러므로 시민 전체가 IPTV 3사의 송출 수수료를 떠안는 문제의 해결이 쉽지 않은 게 현실이다. 따라서 정부 차원의 적극적인 해결 의지 아래 '홈쇼핑방송사업자와 납품업자 간 상생환경 조성을 위한 가이드라인'과 같은 가이드라인 제정이 IPTV 사업자와 홈쇼핑사 간에도 절실하다고 하겠다.

메가경제, 2020. 12. 23.

현대미술에서 창작자는 누구인가

　진중권은 "관념과 실행의 분리"는 현대미술의 한 특징이며 "조영남에게 문제 삼을 만한 부분으로 ① 작가의 터치가 느껴지지 않는 익명적, 기계적 부분을 넘어서 작가의 터치가 느껴지는 부분까지 대행을 시켰으며 ② 실행을 대행시키면서 그 사실을 밖으로 알리지 않았다는 것을 들었다"라고 하면서 "전자는 미학적 비판이며 후자는 윤리적 비판이다." "미술계 안에서 윤리적, 미학적 논쟁을 시작하는 게 나의 제안이자 주장이었다."라고 하였다(오마이뉴스, "진중권 조영남은 사기꾼인가?", 2016. 7. 5.).
　이것은 '현대미술에 있어서 무엇이 미술인가?' '작가는 누구인가?'에 대해 고민해 보아야 하는 문제라고 할 수 있다.
　검찰은 조영남을 사기죄로 기소했고 「저작권법」 위반으로는 기소하지 않았다. 검찰은 조영남과 대작 화가가 조수 관계에 있는 것이 아니므로 업무상 저작물이 아니고 저작권은 대작 화가에게 발생하게 된다고 하였다. 조영남이 사기죄가 성립하기 위해서는 고지의무가 전제되어야 한다. 마치 자신이 그린 그림처럼 속여야 하는 것이다.
　조영남은 대작화가를 만나기 전에는 주로 화투 등을 직접 잘라서 붙이는 콜라주 형태의 작품을 제작하는 일을 즐겼는데 구매자들이 콜라주 작품보다는 회화를 선호한다는 것을 알고 대작화가를 시켜 회화 작품을 그리게 하였다.

즉 콜라주 작품을 페인팅 기법의 회화로 바꾼 것은 2차적 저작물에 해당한다. 2차적 저작물이란 원저작물을 번역, 편곡, 변형, 각색, 영상제작 그 밖의 방법으로 작성한 창작물을 말하며 독자적인 저작물로서 보호된다.

2차적 저작물의 경우 원작자를 접촉하여 원작자의 허락을 얻으며 2차적 저작물을 만드는 것이 통상인데 허락이 없이 작성하면 2차적 저작물 작성권 침해가 된다.

이를 조영남 사건에 적용하면 대작화가든 누구든 조영남의 2차적 저작물 작성권에 침해가 되는 것이다. 만일 대작화가가 조영남의 지시를 받고 화투 그림을 그려서 조영남에게 가져다준 행위 외에 자신이 판매할 목적으로 판매하고자 하는 경우 이것 역시 원작자인 조영남의 허락 범위를 벗어난 것이므로 조영남에 대해 2차적 저작물 작성권 침해가 된다.

그러므로 결국 조영남이 판매하지 않았다면 이 관계에서는 대작화가가 직접 그림을 판매하는 것이 가능한 상황은 아니었던 것이다.

「저작권법」적 관점을 제외하고 조영남이 진짜 작가일 수는 없는 것일까? 「저작권법」이 18세기 제도임에 비하여 20세기, 21세기 현대미술 기법은 이미 대량 작품 작성 시 조수의 활용에 대해 관대했다. 현대미술에 있어 아이디어, 표현 중 표현만 중시하는 우리나라 「저작권법」이 진정 작가로 생각하는 사람은 누구이며 이것은 현재 작가정신에 맞는 것일까 하는 고민이 생길 수밖에 없다.

「저작권법」은 저작물을 인간의 사상 또는 감정을 표현한 창작물이라고 정의하고 있다.

현대미술의 가장 큰 특징은 사람이 사람에게 사유를 전달하는 도구로서의 미술, 개념 미술이다. 그러므로 소재의 선택, 의미 부여로 자신의 의사를 작가는 전달한다.

창작은 창작의 고통에 대한 대가(노동이론)와 공공복리를 증진하는 데 기여하는 부분(인센티브 이론)에 의해 인류가 촉진시켜야 하는 행위로 규정한다.

그러므로 조영남이 대작화가에게 한 지시, 화투를 소재로 적절히 배치하여 만들어 낸 회화에 있어 적절히 배치하여 이러한 느낌으로 회화를 만들라는 지시가 법적으로 보호받아야 하는 내용일까 아닐까를 먼저 결정하여야 할 것이다.

창작자들이 두려워하는 표절 작가라는 주홍 글씨로 조영남을 단죄하는 것은 어떠한가?

「저작권법」은 저작자 아닌 자를 저작자로 하여 실명, 이명을 표시하여 저작물을 공표한 자에 대해 1년 이하의 징역 또는 1천만 원 이하의 벌금에 처한다고 규정하고 있다(제137조 제1항 제1호).

한편 성명표시권을 침해하여 저작자의 명예를 훼손한 자에 대해서는 3년 이하의 징역 또는 3천만 원 이하의 벌금에 처하거나 이를 병과할 수 있다고 규정하고 있다(제136조 제2항 제1호).

성명표시권이란 저작물의 원본이나 복제물에 또는 저작물의 공표 매체에 그의 실명 또는 이명을 표시할 권리를 의미한다.

어찌했든 오마주나 패러디가 아니므로 조영남은 표절 작가이고 타인의 공을 빼앗은 자로서 미술과 미학계의 단죄를 받는 것이 부합한가? 생각해 볼 문제이다.

특히 소비를 위주로 하는 현대미술 사조인 개념미술 속에서 한국전업미술가협회 등 미술단체가 미술계의 대작이 관행이라는 조영남의 항변은 부적절하다며 고소하였는데 이는 대작 관행을 전면 부인하는 것으로 보인다.

대작이 과연 문제가 있는가에 대한 고민은 작가주의를 중심으로 다 같이 논의해 보아야 할 문제이다.

미술시장의 위축이나 법원에서의 칼 자르듯이 가부를 밝히는 것으로는 도움이 되지 않는다. 표절이나 대작 문제가 누군가에게 피해를 입힌 경우로 사안을 조금 축소하여 실질적인 피해가 있는 경우에만 사법적 해결을 기하면 그뿐이지 예술가에게까지 예술표현 방식에 있어 지나친 윤리를 강요하고 사법적인 의견에 귀를 기울이라고 하여 그들의 생각을 헤집어 놓는 것은 우리가 창작, 예술을 존중하는 방식으로 적절하지 못하다.

미학의 창시자 바움가르텐은 "논리적인 인식의 대상은 진리요, 심미적인 인식의 대상은 미다. 미는 감성에 의해 인식되는 완전한 것이고 진리는 이성에 의해 지각되는 완전한 것이다. 그리고 선은 도덕적 의지에 의해 달성되는 완전한 것이다."라고 하고 있다.

그러므로 인간의 행위로서 예술이 진정 제대로 대접받게 하기 위해서는 미 그 자체의 목적은 사람에게 쾌감을 주어 욕구를 야기시키는 데에 있는 것이며 우리가 사용하지 않는 미감이라는 감각을 일깨우기 위한 것이다. 그리고 미의 발현은 자연의 모방에서 시작되듯이 누군가의 모방에서부터 시작될 수밖에 없는 것이다.

조영남은 모방을 한 자라고 보기보다는 모방을 당한 자라고 하여야 할 것이다. 이것은 작업 지시에 따른 것인지 아닌지가 중요한 것은 아니다. 바움가르텐은 미적인 추구 뒤에 진과 선의 경지는 예술가가 가야 할 단계라고 보며, 아무런 잡음 없는 예술의 목적은 도덕적 완성에 있다고 말한다.

그러므로 사법적 판단에서 결론을 내어 예술 그 자체가 예술인가를 의심해서는 안 될 것이다.

누가 추리소설을 거꾸로 읽는가. 미학론에 관한 많은 글을 쓴 실러에 의하면 예술가의 행위는 매 순간 아름다움을 추구하다가 창작으로 이어지는바, 이것은 유희라고 할 수 있겠는데 그것을 보잘것없다고 판단해 버릴 것이 아니라 미 이외에 다른 목적을 갖지 않는 인생 그 자체의 미를 발현시키려는 의미로 자기 인생을 내어놓았을 때 작가주의가 시작된다고 말한다.

인류에게 그토록 소중한 예술이라고 하면서 우리는 너무 일반적인 시각으로 정치 뉴스를 읽듯이 예술가의 삶을 폄하한 장본인은 아니었을까?

조영남 사건에서 조영남 씨는 유죄, 무죄, 무죄라는 판결을 오가며 힘들었겠지만 어디까지나 예술은 단순한 화투라는 기획이 아니라 부단한 미술교육을 통해 그 내면에서 오는 성실함과 끝없는 개인전, 그 안에서 이루어 낸 표현에 대한 경외심이라는 노동의 가치에서 온 것인데 비록 사기죄는 아니라고 하였지만 우리 미술계에 투자와 감상에 있어 작가주의를 다시 토론해야 할 사건 앞에 우리 모두 너무 조용한 것이 아쉽다.

메가경제, 2021. 1. 7.

「미술품 유통지원법」 제정의 불씨를 되살리자

2020년은 코로나19로 인하여 미술계도 혹독한 한 해를 보냈다. 전국 500여 개 화랑의 미술품, 고미술품 전문가들의 미술품 판매는 아는 몇몇 화랑과 통화만 해 봐도 정말 숨만 쉬고 있는 분위기였고, 케이옥션과 서울경매 양축을 포함한 국내 경매사 8곳의 온오프라인 경매는 지난해에 비해 절반 가까이 매출이 감소했다.

일단 국내 경매사의 해외 법인들의 부진이 큰 문제가 되었는데, 홍콩 경매의 경우 아예 경매가 진행되지 못한 것이다.

그 밖에도 미술시장의 양축인 투자시장과 감상시장 모두 코로나19로 인하여 위축될 수밖에 없었다. 감상시장이야 코로나19의 안개가 걷히면 홍보의 문제나 복합문화공간 등으로 거듭나서 불황을 타결할 수 있겠지만, 여전히 투자시장의 고질적인 문제는 고스란히 남는다.

미술시장의 어떤 것까지 미술품이고 미술품의 객관적 가치는 무엇이며 이 가치를 평가하는 많은 감정 인력에 대한 사회적 욕구라는 부분은 여전히 정체되어 있기 때문이다.

먼저 미술품에 대해 조수를 쓰는 것은 미술계의 관행이었으나, 오직 사인만 하거나 지시만 하는 경우에 대해서는 창작자라고 보기 곤란하다는 현 「저작권법」 체계 위에 조영남 사건은 워낙 말을 아끼는 미술계에서도 충격적인 사건이었다.

비록 「저작권법」이 아니라 「형법」상 사기죄 여부를 판단하는 사건이었지만, 사람들은 미술품 아이덴티티에 대해 근본적인 것을 생각하게 되었고 성실하게 공부해 오던 미술학도들에게 상당한 고민을 남긴 판결이었다.

둘째, 미술품의 객관적 가치에 대해서는 현재 이것을 다루는 한국미술시가감정협회가 거의 단독 리드해 나가는 추세이다 보니(한국화랑협회, 한국미술품감정평가원 등도 시가 감정하지만 대외적 공신력은 좀 어려워 보인다) 여전히 합리적인 복수의 가격 제안이 대중의 미술품 구매를 유도하기 위해서는 필요하다.

이우환, 김환기 등 거장의 작품이야 세계적인 평가와 유사하므로 상관없지만 블루칩 인기 작가의 작품도 유찰되는 예가 많을 뿐 아니라 제안된 가격 추정가 하한선에서 낙찰되고 있다는 것은 그러한 불신의 반증이고, 대부분 대중은 감상을 위한 중저가 작품만을 구매하는 것이다.

셋째, 미술품 가격에 대한 혼란은 대중이 미술품을 접근하고 관람하는 미술관의 컬렉션 부족으로도 이어져 국민 문화향유의 질이 떨어졌다.

무엇보다도 예술의 영역에 지나치게 공무원적인 요구를 하여 런던의 테이트 모던, 뉴욕의 모마, 파리의 퐁피두에 비하여 국내 국립미술관의 컬렉션 현실이 국민들의 미술품 이해 수준을 낮추고 있는 것은 아닌지 생각해 볼 필요가 있는 것이다. 작품수집업무지침사건(마르셀 뒤샹의 작품인 여행용 가방을 구입하는 중 복무상 의무 위반을 관장의 해지사유로 볼 것인지를 다룬 사건)을 보라.

미술품 감정에 대해 영국은 국가의 지원 없이도 소더비, 크리스티, 본햄스 등 경매회사 내 단독 팀이 가치평가 기준을 연구하고 보험가입, 세금 등을 연구해 나가고 있고 이것을 국제적으로 이해하고 있는 수준이다.

한편 미국은 미 의회가 인정해 준 비영리기관가치평가재단의 표준가치평가실무기준을 전국 화랑이 사용하고 있고 도제식 방식으로 안목 감정을 전수해 주고 있다.

어찌했든 시장가격 그 자체에 대해서는 국가가 관여해서는 안 될 일이지만 전문 인력의 배출을 위한 법 지원은 분명히 할 수 있다.

미술품 감정 인력의 부족은 미술품 시장의 경쟁력 부족과 직결된다. 미술품 감정 인력을 양성하여 위작을 판별하고 가치평가를 통해 시가를 제안하는 것은 한국미술품 시장의 경쟁력을 높이는 데 매우 중요하다.

어차피 유명하지 않은 사람의 작품을 위조하는 일은 드물겠지만 원본이란 보증서는 전시권이 공중송신권보다 여전히 가격이 높아야 하는 희소성을 주고 있으므로 원본의 위치와 내용 등의 아카이브 구축은 시장의 안정을 위한 불가피한 부분이다.

그러한 인력에 대해 공인경매사 제도가 되었든 대학 내 인력양성 학위과정을 개설하도록 하든 아카이브와 보존과학이 발달하는 현재 미술사학자나 박물관 학예사 등만으로는 미술품 감정 인력이 턱없이 부족하다.

「미술품 유통지원법」은 세 차례나 국회에 제안되었으나 회기가 끝나는 등 여러 가지 이유로 폐지되었다.

미술품의 가치평가는 보험, 세금, 국립미술관 컬렉션 부족 등 다양한 문제와도 직결되어 있다. 미술품 양도소득세가 시행되어 구매심리가 위축되어 있는 현실에서 미술품 기부를 활성화하기 위해서는 기부금 관련 세제지원도 손봐야 할 것이다.

현재 미술품이나 골동품 양도차익에 대해 세금을 부과하고 있는데 작고한 작가의 작품 중 10년 미만을 보유한 6천만 원 이상 미술품 거래 차익

20%를 소득공제 해 준다. 그러나 소득공제도 점당 손금산입한도 500만 원이지만 6천만 원까지 해 주어야 한다는 목소리가 높다.

　법정 기부는 개인 100% 법인 50%, 지정 기부는 개인 30% 법인 10% 소득공제 혜택을 받지만 미술품 기부는 객관적 가격 산정이 어렵다는 이유로 제대로 세제 혜택을 받지 못하고 있다.

　양도세 같은 경우 세금이 문제가 아니라 거래내역이 공개됨으로 인해 기업이 미술품 양도나 기부 등을 꺼리게 되어 미술품 구매에 상당히 소극적이게 된 것이다. 그러나 대체적으로 미술품 가격의 공신력이 있는 영국은 미술품을 기부하면 소득공제가 한도 없이 적용되어 세금을 많이 내는 해에는 이런 기부를 많이 할 수 있도록 유도하며, '아카이브의 왕국' 프랑스는 미술품 기부에 대해 개인은 66%, 법인은 60%를 세액 공제한다.

　결국 미술품 가격에 대한 부족한 공신력은 가난한 작가들만 미술품을 미술관에 기증하는 결과를 가져왔고, 문화상품에 대한 양도 차익에 대한 이해를 시장과 국세청이 다르게 보고 있는 것이다.

　최근 코로나19 여파로 대면 상황이 어려움을 겪으며 온라인 미술 플랫폼의 가능성에 대해 관심이 높아지고 있다.

　이러한 사이를 파고들어 버즈아트는 포스코기술투자, 미래에셋벤처투자 등의 투자를 받았고, 세계적으로 온라인 경매는 미술계 불황을 타파하기 위해 노력하고 있다.

　하지만 여전히 해당 미술품의 거래 아카이브 등 보존과학을 통한 진위 보증 여부, 미술품의 객관적 가치를 설명할 전문가의 부족 문제를 해결하지 않는 한 10대 거장 중심 외에 미술품 거래는 기대하기 어렵고 미술 비평의 영역도 계속 줄어들 것이다.

　국가는 「미술품 유통지원법」상 교육인력 지원과 시장 안정을 위한 질서 확립을 중심으로 또다시 제정에 박차를 가하여 한국미술시장의 경쟁력을 위해 불씨를 당겨야 한다.

메가경제, 2021. 1. 14.

사라진 신문 구독,
플랫폼의 뉴스 지식재산 이용료 정산이 필요하다

　최근 한파 속에도 지하철역 앞에서 "신문 보세요" 하는 아저씨의 외침이 어쩐지 처연한 것은 지하철에서 내리는 대부분의 사람들이 인터넷으로 신문을 보면서 내리고 있는 장면과 오버랩되어서인 것 같다.

　신문사들이 상당수 어려워 폐간을 결정하고 잡지 역시 온라인화가 가속화하면서 폐간이 잇따르고 있다. 이런 가운데 최근 전 세계적으로 구글과 페이스북으로 대표되는 거대 IT 기업공룡들에게 뉴스 콘텐츠 이용 비용을 강제하는 정책들이 검토되고 있다.

　지난달 9일 「The News Media and Digital Platforms Mandatory Bargaining Code」(뉴미디어 및 디지털 플랫폼 의무 교섭법)로 명명된 법률안이 호주 의회에 상정되는 등 최근 구글과 페이스북에게 뉴스 콘텐츠 이용 비용을 언론사에 지급하도록 하는 내용을 담은 미디어 관련 법률안을 발의한 것은 매우 고무적이다.

　플랫폼의 특징을 보면 첫째, 여론을 조성하는 뉴스의 영향력을 통제하거나 조정할 수 있는 배열권을 직접 가지거나 이용자의 선택권에 간접적으로 영향을 줄 수 있는 힘을 가진다.

　둘째, 문화콘텐츠(웹소설, 웹툰, 영상물, 게임물 등)를 이용하는 일부 이용자가 아니라 뉴스라는 보편적 접근이 전제된 콘텐츠의 특성상 국민 모두가 이용자라는 점 역시 플랫폼의 영향력은 강력하다.

셋째, 텔레비전, 라디오와 달리 신문시장을 대체하여 다양한 뉴스콘텐츠 생산에 적자를 누적시킨다. 이로 인해 악화된 기업은 이용자를 위한 공정한 뉴스를 기대하기 어렵고 기업의 생사를 결정하는 광고주의 매체로의 전락을 가속화시킨다. 사람들은 이제 플랫폼 가입 하나로(또는 가입을 하지 않더라도) 뉴스 콘텐츠 이용이 가능하기 때문에 더 이상 해당 신문사의 신문을 구독하지 않는다.

「저작권법」 제27조는 "시사적인 기사 및 논설의 복제 등"이라는 조문명 아래 "정치·경제·사회·문화·종교에 관하여 '신문 등의 진흥에 관한 법률' 제2조의 규정에 따른 신문 및 인터넷신문 또는 '뉴스통신진흥에 관한 법률' 제2조의 규정에 따른 뉴스통신에 게재된 시사적인 기사나 논설은 다른 언론기관이 복제·배포 또는 방송할 수 있다. 다만, 이용을 금지하는 표시가 있는 경우에는 그러하지 아니하다."라고 규정하고 있다.

이 규정에서 전재를 허용하는 이유는 언론기관 상호 간의 전재를 허용하는 것으로 볼 수 있으며, 정치·경제·사회·문화·종교에 한정되는 것은 아니라고 보아야 한다.

또한 이 규정은 언론사 내부인이 아니라 외부인 기고자가 작성한 저작물은 이 조항의 적용대상에서 제외되는 것으로 보아야 한다.

일본 「저작권법」도 이 조항과 유사한 규정을 두고 있다. 논설이라고 하더라도 학술적 성격을 가진 것은 제외하여 대학교수나 전문가 등이 신문이나 잡지에 기고한 시사평론과 같은 저작물은 자유롭게 전재를 허용하는 성격의 저작물이 아니라는 점을 분명히 하고 있다.

이때 외국의 시사성 있는 기사나 논설의 경우 베른협약 제10조의2 제1항에서 전재 기사에 대한 출처표시의무를 강제하고 있으므로 「저작권법」은 저작물을 이용하는 자가 그 출처를 명시하여야 함을 규정하고 있다(제37조 제1항).

그러나 실제 뉴스 이용 측면을 지켜보면 광고와 기사를 제대로 구별하기 어렵고 기사와 논설을 구별하기도 쉽지 않은 상황에서 직간접적으로 플랫폼을 중심으로 기사와 논설이 소비되고 있으며, 이에 대해 언론기관으로 수익이 합리적으로 정산되고 있는지 의문이 있다.

여론에 미치는 매체 영향력의 집중은 민주주의 전제가 되는 다양한 의견의 표출과 이를 통한 자유로운 여론 형성에 있어서 위험요소로 둔갑할 수 있다. 현재 뉴스이용창구 기준 매체군별 여론 영향력은 디지털뉴스중개군이 가장 높다.

뉴스를 직접 창작하지 않은 뉴스중개군의 영향력이 강화되는데도 불구하고 적절한 뉴스콘텐츠 이용료 시장이 발전되지 않고 매체별 통계약이 이루어지는 것은 좋은 기사와 논설이 생산되는 데 결코 좋은 환경이라고 할 수 없다.

매체계열별로 보면 네이버의 매체 합산 여론영향력은 KBS 계열보다도 월등히 높다.

즉, 포털 등 디지털 뉴스중개자에 대한 미디어정책적 수요는 앞으로도 증가하여 KBS가 아무리 좋은 기사를 만들어도 사람들은 원저작자의 플랫폼이 아닌 다른 플랫폼에서 이를 이용할 확률이 높다는 것이다.

호주 언론사의 주요 수익인 광고가 온라인으로 대체되고 있는 가운데 호주 언론사들의 광고 수입은 2005년 이후 75%나 급감한 반면 전체 온라인 광고 수익의 53%를 구글이, 23%를 페이스북이, 19%를 기타 플랫폼이 가져가고 있다.

현실이 이렇게 되자 호주에서는 이 천문학적인 광고 수익이 결국 호주 언론사의 콘텐츠를 통해 창출된 것이라는 지적과 함께 구글, 페이스북과 같은 거대 플랫폼 회사가 호주 언론 및 미디어 시장을 장악할 수 있다는 우려가 제기됐다.

이에 대규모 IT·플랫폼 회사를 규제하고 언론사의 수익 증진을 위해 호주가 「The News Media and Digital Platforms Mandatory Bargaining Code」를 마련한 것은 우리에게도 시사하는 바가 분명하다고 할 것이다.

이 법률안이 호주 의회를 통과하게 되면 구글과 페이스북 등 대형 IT·플랫폼 회사들은 앞으로 뉴스 콘텐츠를 이용하기 위해서 언론사에게 이용 비용을 지급해야 하는 의무를 지게 되며 공정한 뉴스 이용료 결정을 위해 구글과 페이스북은 언론사들과의 협상을 해야 한다.

만약 합의에 도달하지 못한다면 독립적인 중재자가 지정되어 가격 협상에 있어 구속력 있는 결정 즉, 강제 조정을 할 수 있도록 하며, 구글·페이스북 등 플랫폼 회사가 이를 따르지 않을 경우 최대 1,000만 호주 달러의 벌금을 부과할 수 있도록 하고 있다. 또한 플랫폼 회사에게 뉴스 콘텐츠 이용자 정보를 언론사에 제공할 것을 명시했다.

이 법률안은 지난 7월에 호주경쟁소비자위원회(Australian Competition and Consumer Commission)에 의해 발표된 초안에서는 협상대상에서 국영 언론사인 호주방송협회(ABC)와 스페셜 브로드캐스팅 서비스(SBS) 등은 적용 대상에서 제외하도록 하였으나 이번에 공개된 제정안에서는 민영 언론사뿐만 아니라 국영 언론사에 대해서도 플랫폼 회사로부터 뉴스 이용 비용을 지급받을 수 있도록 하였다.

초안에서는 페이스북의 뉴스피드와 구글 검색에만 적용할 예정이었지만 이번에 공개된 법률안에서는 협상의 불균형을 야기할 만한 충분한 증거가 인정된다면 다른 디지털 플랫폼도 포함될 수 있는 여지를 열어 두었다.

이 법률안의 초안은 호주에서 이미 광범위한 정치적 지지를 받아 왔지만 호주만 이런 입법을 할 경우 「저작권법」과 공정거래 측면에서 접근한 입법 결과로 인해 모든 플랫폼에서 호주 언론사들의 콘텐츠만 차단되어 궁극적으로 호주 언론사들만 피해를 입게 될 것이라는 지적도 있다.

그러나 최근 뉴스 콘텐츠를 일반인이 생산하여 「신문 등의 진흥에 관한 법률」상 신문으로 수용되지 않아 매체 영향력을 평가하는 데 어려움이 있고 일반인들에게 제공되는 사실들이 윤리적 책임에서도 거리가 있는 부분을 감안할 때, 한국도 호주와 같이 논의를 전개하여 플랫폼의 집중도를 완화하고 다양한 신문사가 상생할 수 있는 정산제공체계를 논의할 때라고 생각한다.

※ 이 글을 쓰는 데 토의를 통해 도움을 주시고 자료를 제공, 인용을 허락해 주신 문화체육관광부 저작권정책과 유현우 전문경력관님께 감사를 표합니다.

메가경제, 2021. 1. 21.

신문 기사 지식재산의 공정한 수익분배를 위한 법적보호

신문 기사의 지식재산은 사실의 전달에 불과한 시사보도와 이에 대한 비평(칼럼) 등으로 구별할 수 있으며, 신문사업자의 직원이 직접 작성한 기사나 비평의 경우에는 신문사업자의 지식재산이 될 것이나, 신문사업자 직원 외의 사람이 작성한 경우에는 양 당사자 간의 계약의 법리에 따라 활용범위가 정해질 것으로 보인다.

그럼에도 불구하고 최초 뉴스생산자와 이를 전재하는 자 간의 공정한 수익분배와 뉴스생산자와 뉴스매개중개인에 불과한 플랫폼 간의 공정한 수익분배는 반드시 필요하며 이러한 분배적 정의 아래 신문 시장은 다양한 언론의 각축장으로 제 역할을 할 수 있게 될 것이다.

먼저 뉴스생산자와 이를 전재하는 자 간의 관계에서 지식재산 보호방안이 필요하다.

그동안 사실의 전달에 불과한 시사보도의 지식재산은 일반적으로 보호받지 못한다는 생각이 팽배하였다. 왜냐하면 「저작권법」 제7조 제5호는 보호받지 못하는 저작물의 하나로서 '사실의 전달에 불과한 시사보도' 규정을 두고 있기 때문이다. '서울중앙지방법원 2014.4.24. 선고 2013가소6000300' 판결은 저작물로서 보호받지 못하는 저작물의 예로 저작물 작성자의 창조적 개성이 드러나지 않는 표현을 의미한다고 주장한다.

재판부는 "인사발령 기사, 부고 기사, 주식시세, '누가·언제·어디서·무엇을·어떻게·왜 하였는가'라는 육하원칙에 해당하는 기본적인 사실로만 구성된 간단한 사건·사고 기사(화재·교통사고 등)와 같이 단일한 사항에 대하여 객관적인 사실만을 전하고 있어 그 자체로서 저작물성을 인정할 수 없는 것"이라고 판시했다.

다만 "사실을 전달하기 위한 보도기사라고 하더라도 소재의 선택과 배열, 구체적인 용어 선택, 어투, 문장 표현 등에 창작성이 있거나 작성자의 평가, 비판 등이 반영되어 있는 경우에는 「저작권법」이 보호하는 저작물에 해당한다고 보아야 할 것"이라고 봤다.

그렇다면 사실의 전달에 불과한 시사보도는 전재의 허락 없이도 마음대로 이용할 수 있는 것일까?

신문기사는 대부분 육하원칙에 의하여 간결하고도 건조하게 작성되지만 단순한 사실에 불과할 때에는 저작권으로서 보호하기 어려운 것이 사실이다. 하지만 신문사업자의 기획과 취재, 상당한 비용과 시간을 들여 노력하여 발견하는 지식재산 일체는 최초 생산자로서 보호받아야 마땅하다.

즉, 뉴스콘텐츠를 기획하고 취재, 창작하는 데는 상당한 자본과 시간이 소요되지만 일단 발견한 진실에 대해 추가적으로 복제, 생산하는 데 소요되는 비용, 즉 한계비용은 비교적 적기 때문에 뉴스콘텐츠 이용자 수가 기하학적으로 늘어나는데도 최초 생산자로서 출처가 명확히 표시되지 못하고 있는 것은 매우 불공정하다.

그렇다면 신문사업자의 뉴스콘텐츠를 최초로 개발한 자의 창작 등의 노력에 대해 충분한 보상을 하지 않는 한 지속적으로 신문사업자는 창작활동에 전념하기 어렵다는 것을 의미하며 광고와 다른 방법으로 지식을 생산하게 되고 뉴스생산자로서의 노력과 자본의 투입을 억제하고 장기적으로는 포기하게 만드는 분위기를 가져온다.

우리나라 「헌법」이 보장하고 있는 경제의 자유는 국가 규제와 간섭으로부터의 자유이기도 하지만 타인과의 관계에서 경쟁의 자유, 부정경쟁 방지를 의미하기도 하다.

부정경쟁방지의 법리는 영미판례를 통하여 사칭행위 내지 출처혼동의 방지를 중심으로 발전해 왔는데, 신문 기사 최초 창작자에 대한 존중이 없는 현 신문 기사의 관행에도 문제를 제기하면 동일하게 적용될 것이라고 보인다.

예를 들어 최초 기획기사를 쓴 신문사 외 다른 신문사도 당해 기사를 취재한 것과 같이 출처의 혼동을 가져오는 행위는 부당이용행위에 해당하여 최초 신문 기사 창작자의 지식재산을 침해하는 행위로 볼 수 있다.

출처의 혼동은 신문기사 소비 당시에 일어나는 것이 통상적인 경우지만, 최초 관심을 혼동하게 하거나 판매 후에 출처의 혼동이 발생한 경우에도 부정경쟁행위로 인한 책임이 생길 수 있는 것으로 볼 수 있다.

물론 전 재료에 대한 내부 분배에 있어서 살펴보면 신문 기사의 저작권은 원칙적으로 그 신문 기사를 작성한 기자에게 귀속되지만 「저작권법」 제9조 업무상 저작물의 요건이 충족되는 경우에는 사용자인 신문사가 저작자로 되고 저작권은 신문사에게 귀속된다.

그리하여 기자의 기명 표시는 저작인격권상 성명표시권에 지나지 않고 신문사 내의 업무범위 표시에 지나지 않고 적극적으로 책임을 져야 할 상황에서는 신문사(법인)가 지는 것이라고 보아야 할 것이다.

또한 편집권을 가지고 있는 경우 신문사의 편집방침 등을 근거로 하여 지면 배열에 대한 활동의 소산이고 그것이 신문의 개성을 뜻하므로 소재의 선택 및 배열에 창작성 있는 편집물로서 편집저작물로 인정될 수 있다

(도쿄고등법원 1994. 10. 27. 판결).

다음으로 뉴스생산자와 뉴스매개중개인에 불과한 플랫폼 간의 공정한 수익분배는 반드시 필요하다.

유럽연합은 구글과 같은 플랫폼 사업자에게 언론사의 뉴스 콘텐츠 전체 또는 일부를 이용하는 데 따른 사용료를 부과하는 일명 '스니펫 세'(snippet tax)를 강제하고자 해 왔다.

이런 가운데 2015년 12월에도 유럽연합집행위원회는 구글에 대해 '스니펫 세'를 부과하는 방안을 검토한 바 있으며 2016년 9월 14일 유럽위원회가 발표한 「현대적인 유럽 저작권법 개정안」(Moderne Urheberrechtsvorschriften fur die EU)에서도 뉴스 기사에 대한 언론출판사의 배타적 권리를 인정하고자 하였다.

또한 2017년 7월 미국과 캐나다 전역의 2,000여 개 언론사들을 대표하는 '뉴스 미디어 연합'(News Media Alliance, 이하 'NMA')이 미국 의회에 자신들의 뉴스 콘텐츠 이용에 대해 온라인에서 광고와 뉴스 트래픽을 지배하고 있는 구글, 페이스북 등의 사업자들과 공동으로 협상할 수 있는 권리를 요구했다.

유럽연합의 경우 독일의 악셀 스프링거(Axel Springer)나 영국의 루퍼트 머독의 뉴스(Rupert Murdoch's News Corp)와 같은 저명한 언론사들은 인터넷 플랫폼 사업자를 상대로 자신들의 뉴스 콘텐츠 이용에 대한 공정한 수익 분배를 요구하는 '스니펫 세'(snippet tax)를 줄기차게 요구하고 있다.

'스니펫'(snippet)이란 사전적으로 적은 양의 정보 또는 정보의 일부를 뜻하는 단어이다.

각종 언론사들의 뉴스 기사 제목이 포함된 링크와 함께 처음 두세 문장 정도의 뉴스 기사 내용 일부를 미리 보여 주고 이용자가 링크를 클릭하면 해당 언론사의 웹사이트에 직접 연결되도록 하는 서비스를 제공하고 있다. 이용자는 이것을 한꺼번에 볼 수 있어 플랫폼 사업자의 사이트에 접속을 시도하고 있다.

구글은 언론사의 뉴스를 활용해 제목과 기사 일부를 노출시켜 직접링크 방식으로 제공하는 자신들의 뉴스 서비스 방식은 '공정이용'에 해당되기 때문에 언론사에게 뉴스 저작권 사용료를 내지 않아도 된다는 주장을 고수해 왔다.

그러나 독일은 2013년 8월 1일부터 발효된 「저작권 및 인접보호권에 관한 법률」(Gesetz ber Urheberrecht und verwandte Schutzrecht: Urheberrechtgesetz)에서 검색 엔진 사업자가 자신의 검색 사이트에 언론사의 뉴스 또는 기사 등을 일부 이용하는 경우에 언론사에게 이에 대한 저작권료를 보상하도록 규정함으로써 언론출판사의 저작인접권을 세계 최초로 도입하였다.

스페인도 독일의 영향을 받아 2014년 10월 28일 「저작권법」 개정을 통해 '스니펫 세'를 도입했다. 스페인 내의 자신의 검색 사이트에서 언론사의 뉴스, 기사 등을 이용하는 경우 해당 뉴스 또는 기사의 저작권을 보유한 언론사에게 저작인접권에 따른 비용을 지불하게 되자, 구글 뉴스 서비스는 스페인어 뉴스가 검색되지 않도록 조치를 취하였고, 이에 스페인 신문발행인협회(Spanish Newspaper Publishers' Association, 이하 'AEDE')가 당황하기도 했다.

현재 우리나라의 경우 국내 검색 엔진 사업자들은 뉴스 콘텐츠를 제공하는 신문사에 수익을 배분하는 등 이들 국가와는 많은 차이점이 있기는 하지만 콘텐츠별 지급구조가 아닌 통계약 방식이라 신문사의 재정을 메꾸는 데는 턱없이 부족하다. 또 네이버, 다음 등 포털의 영향력을 무시할 수 없는 현 상황에서 국내 신문사들의 뉴스 콘텐츠의 제작 및 유통에 있어 많은 현실적인 어려움을 겪고 있다.

그러므로 신문사업자들이 투자를 회수할 수 있는 장치를 법적, 제도적으로 보장해 주지 않는다면 투자의욕을 상실하게 함으로써 결과적으로 관련 시장을 무너뜨리고 문화 및 관련 산업의 발달에 역기능을 초래하므로 디지털, 네트워크화에 따른 환경변화로 인하여 신문사업자의 저작인접권을 적극 논의하고 스니펫 세를 논의할 때라고 생각한다.

※ 이 글을 쓰는 데 토의를 통해 도움을 주시고 자료를 제공, 인용을 허락해 주신 문화체육관광부 저작권정책과 유현우 전문경력관님께 감사를 표합니다.

메가경제, 2021. 1. 28.

산업보안 ①
- 영업비밀제도와 특허제도로 정말 충분한가?

요즘 기업들은 자신이 가진 지식재산경영에 있어 보안에 대한 관심이 매우 높다. 그러므로 산업보안에 대한 실질적인 관심은 지식재산권 제도가 자리 잡으면서 시작되었다.

자유경쟁의 시장질서 내에서 기업의 지식재산 보호의 문제는 당연히 지식재산권에 대해 배타적인 지위를 부여하게 되면서부터라고 할 수 있는데, 19세기에 많은 학자들은 지식재산권 제도 중 특허제도가 특허권자에게 독점적 지위를 가져다주고, 독점은 자원의 배분을 왜곡시키고 경제의 효율성을 떨어뜨린다고 보아서 특허제도에 대해 부정적인 견해가 많았다. 그리하여 개인의 발명은 존중하되 기업의 지식재산은 상대적으로 짧은 시간만 보호하여야 한다고 하였다.

경영학적 의미에서 독점은 특정 기업이 공급량이나 가격을 일방적으로 선택하는 상태를 의미하는데, 실질적으로 산업기술은 지식재산권자가 독점의 지위에 항상 있다고 보기는 어렵고 시장이 제한적이고 언제든지 시장은 대체재나 경쟁적인 상품과 서비스를 찾을 수 있어 보호가 매우 어려운 한계가 존재한다.

물론 때에 따라서 기술의 진보성이 두드러지거나 대체할 수 없는 기술이 있을 때도 있다. 그러한 때에도 독점적 지위가 형성되거나 남용될 때에는 「공정거래법」을 적용해 독점의 폐해를 시정할 수 있도록 하고 있고, 독점의 가능성이 지식재산권의 기능을 부정적으로 보거나 지식재산권 보호 체계의 폐지를 주장할 수는 없다.

특허권이 기업이 보유한 산업기술을 실질적으로 보호할 수 있는지는 전면적인 검토가 요구된다. 물론 특허권이 존재하지 않는다면 발명활동은 비밀로 유지할 수 있는 성질의 발명이나 사법상 계약관계에 의해서만 보호하려고 노력할 것인데, 계약에 의한 보호는 계약 당사자 이외에 제3자가 무단 이용하는 것은 차단하기 어렵다는 한계가 있다.

결과적으로 특허권이나 영업비밀을 법적으로 보호하는 체계가 없다면 대부분의 인력과 자본이 비밀유지에 들어가고 타인의 발명을 모방하려는 데에 혈안이 될 수 있어 인력과 자본이 비효율적으로 배분될 수 있다.

기업의 기술을 지식재산으로 본다는 데에는 달리 충돌이 없다고 하더라도 산업기술의 수명 주기에 적절한 보안비용에 대해서 기업으로선 여전히 의문의 여지가 남는다. 그러므로 지식재산권 제도가 자원의 효율적인 배분을 가능하게 해 주는 법 제도가 되려면 적절한 인센티브가 어디까지 필요한지, 보안관리가 충분히 이뤄지고 있는 지식재산과 공중의 영역에 내어놓은 지식재산이 동일한 보호수준을 가지는 게 맞는지 생각해 볼 필요가 있다. 획일적인 지식재산권 제도는, 그 재산을 가진 주체의 의사를 넘어서서 경제적 인센티브가 너무 과도하면 때로는 지나치게 많은 발명활동을 유도하고 과다한 투자가 이루어지게 되는 비효율성을 초래할 수도 있게 된다.

불필요한 발명과 지엽적인 특허는 시장을 교란시키고 기업의 생산단가를 증가시킬 수밖에 없다. 즉, 생산에 소요되는 한계비용은 낮은데, 시장가격을 높게 책정하고 유통과 이용을 부분적으로 제한할 수밖에 없게 한다.

이와 같은 비효율성(static inefficiency)은 특허권이 통상의 소유권처럼 존속되거나 저작권처럼 사후 70년씩 보호되는 것이 아니라 일정한 존속기간 동안만 효력을 가지고 있어(출원일로부터 20년) 존속기간 내 투자금을 회수할 수 없는 한계에 도달한다. 그러므로 기업이 지식재산 경영에 있어 자율성을 보장받기 위해 보안투자 대상을 선정하고 그에 맞는 보안경영을 하기 위해서는 산업보안경영학의 발전이 요구된다.

메가경제, 2020. 7. 3.

산업보안 ②
- 코스비 사건과 암스트롱 사건이 우리에게 경고하는 것

오빌 라이트와 윌버 라이트는 1903년 역사상 처음으로 동력비행기를 조종하여 지속적인 비행에 성공하였다. 라이트 형제가 비행기를 발명할 당시 미국은 토지의 소유자가 지면뿐만 아니라 지면 밑으로 지구 중심까지의 지하와 지면 위로 무한하게 당연히 소유하는 것으로 알았다.

이러한 문제는 코스비 부부가 1945년 연방 법원에 소송을 제기할 때까지 아무도 의심하지 않는 것이었다.

노스 캐롤라이나에 사는 코스비 부부는 낮게 나는 군용기로 닭들이 이리저리 놀라 뛰다 벽에 부딪혀 계속 죽었으니 정부가 소유지를 무단 침입한 것이므로 배상을 해야 한다고 주장하였다.

법원은 "토지에 대한 관습법상 소유권이 우주 끝까지 미친다는 것은 오래된 원칙이 맞다."라고 하면서도 이제 "공중은 공적인 도로로 대륙을 횡단하는 모든 비행이 무단침입이고, 비행기 운영자는 불법 사업을 한다는 것, 그러한 상식은 관념에 거역한다."라고 하였고 코스비 부부는 어떤 보상도 국가로부터 받지 못하였다.

에드윈 하워드 암스트롱은 토머스 에디슨, 알렉산더 그레이엄 벨 다음으로 가장 위대한 미국 발명가로 현재는 인정받고 있다. 1831년 책 제본소 견습공이었고 학교 교육을 받은 사람은 아니었지만 라디오 전파에 대해 직관적인 실험을 했고, 이를 성공시켜 FM(주파수 변조방식)을 발명하였다.

　AM보다 선명하고 이전에는 들을 수 없는 우수한 라디오 기술을 발명했지만 암스트롱이 다니는 회사 RCA의 데이비드 사노프 사장은 AM에서 잡음을 제거하기를 그에게 요구했을 뿐 AM제국을 완성한 자신을 위협하여 완전히 새로운 시장, FM의 시대가 열릴 줄은 몰랐던 것이다.

　결국 RCA는 FM 라디오의 주파수대역을 다른 위치로 옮기게 하고 TV 사업에 주파수 대역을 내주게 하여 FM이 발붙이지 못하게 했고, 미국 어디에서도 방송 프로그램을 송출하는 데 FM 전파를 사용할 수 없게 했다. 미국의 거대한 기업 AT&T는 사노프를 지지했는데 FM을 사용할 수 없으면 결국 AT&T의 전화선 이용권리를 사 갈 것이기 때문이었다.

　암스트롱은 자신의 특허권을 인정받기 위해 몸부림쳤지만 RCA는 암스트롱의 FM 4개 특허를 TV 표준특허에 포함된 기술이라고 항변하여 로열티(라이선싱료) 지급을 거부했다. 암스트롱은 6년간 소송을 하였지만 당시 특허 출원일로부터 15년이라는 기간이 지나 버렸고 RCA 측이 뒤늦게 화해를 제시했지만 지출했던 변호사 수임료도 낼 수 없게 되자 1954년 13층 창문에서 밖으로 몸을 던져 자살했다.

　기술과 법이 부딪힌 극명한 예라고 할 수 있는 두 판결은 기술이 얼마나 위대한지가 문제가 아니라 법이 어떤 것을 상식으로 보는지가 더 중요하다는 것을 깨닫게 해 준다. 즉, 존재가 중요한가 인식이 중요한가를 두고 우리의 뇌는 진실을 볼 수 없기 때문에 결국 사유가 더 중요하다는 것을 의미한다.

　항공회사와 RCA와 같이 자신의 산업을 위한 정치적 접근을 하게 되면 개인발명가와 개인의 소중한 재산인 닭은 결국 비극으로 치닫게 된다. 그럴 때 법은 교정의 역할을 하여야 한다. 세상에 정의란 어디까지나 완벽하지는 않지만 균형을 추구하는 데 있다.

    기술변화의 영향을 차단시킬 힘이 우리에게는 없고, 특정한 영향이라고 말할 수 있는 증빙자료도 개인발명가는 가지고 있지 않다. 그러므로 법은 이를 면밀히 살피고 일상적인 삶 속에 파고드는 변화를 일으키는 기술에 있어 보다 피해가 최소화될 수 있는지를 살펴야 할 것이다.

메가경제, 2022. 7. 11.

산업보안 ③
- 삼성과 애플 기술전쟁이 시장에 주는 교훈

우리나라는 IP 5국가라고 불린다. IP 5란 미국, 중국, 독일, 일본과 함께 전 세계 주요기술을 보유한 5대 국가라는 뜻이다. 그 가운데 단연 한국을 IP 5로 올려놓은 기업은 삼성이다.

미국에 출원한 작년 특허 건수는 1만 8천여 건으로 2위와 3위인 인텔과 IBM을 합친 특허권보다 많았다. 그동안 삼성의 경쟁사라고 여겨졌던 애플이 4,900여 건을 기록한 것에 비해 5G 이동통신 관련 특허를 가장 많이 확보한 기업의 위상을 따져 보면, 이제 삼성을 따라올 자가 없을 정도이다.

경제대공황 이후, 리먼브라더스 파산은 실로 엄청난 것이어서 모든 사람들은 자본주의의 몰락과 세계의 혼돈을 우려했다. 그러나 자본주의의 한가운데 있는 2007년 스마트폰인 아이폰과 2010년 아이패드는 글로벌 경제위기 속에서도 소비자의 마음을 읽기만 하면 어떻게 살아 나갈 수 있는지 기업의 해법을 제시했다.

시장은 시대의 움직임이고 사람들의 간절한 바람을 담고 있어서 고급화 전략의 애플에 대응하는 누군가를 시장은 원하고 있었고, 이러한 시장의 흐름을 읽는 자, 삼성이 드러나면서 선도하는 자와 후발 주자 간의 복잡한 셈법은 이미 전쟁을 예정하고 있었다.

즉, 선도하는 자의 약점이 드러나는 순간 후발 주자의 안정적인 분석과 대응은 각 기업이 무엇을 중요하게 생각하는가의 패러다임이 담기면서 폭발한다. 통제적으로 보안을 앞세운 시장의 강자와 개방적 플랫폼 안드로이드를 탑재하고 등장한 제도의 강자가 충돌하면서 시장은 누가 승리할지 알 수 없는 혼란의 계곡에 빠져들었다.

경쟁 구도가 심할수록 경쟁자의 영업을 금지할 수 있는 특허라는 강력한 권리는 너무나 매력적이다. 경쟁자들은 자신의 곳간에 언제든지 경쟁자를 찌를 수 있는 날 선 무기들인 특허를 구비하고 경쟁자들을 공격할 때 어떤 무기로 찌를 것인지 만반의 태세를 갖추고 있다.

2011년 4월에 시작하여 2018년 6월 비밀리 합의로 끝날 때까지 드라마 같은 매 순간 중 가장 기억에 남는 때는 2014년이라 할 것이다. 이때 애플 대 삼성의 충돌은 그 극에 달했는데, 2014년 3월 31일, 미국 캘리포니아 연방북부지법 새너제이 지원에서 있었던 안드로이드 OS의 아버지 앤디 루빈 구글 부사장의 증인 심문이 그것이었다.

루빈은 애플, 마이크로소프트, 구글 IT 3대 업체를 모두 근무했었던 사람으로 안드로이드 제작 시 애플 iOS를 참고했는지를 추궁하는 애플 측 변호사들에게 ① 밀어서 잠금 해제 ② PC와 스마트폰 간 데이터 동기화 ③ 검색을 통해 앱을 찾는 기능 ④ 단어 자동 완성 기능 ⑤ 여러 종류의 내용이 떠 있지만 특정 내용을 불러와 실행하는 데이터 태핑 기능은 누구나 생각할 수밖에 없는 표준 특허라고 주장했다.

그러자 배심원들의 의견을 청취한 법원은 ① 데이터 태핑 기능 ② 단어 자동 완성 기능 ③ 밀어서 잠금 해제에 대해 삼성의 애플 특허 침해를 인정하였던 1심 판결을 뒤집고 삼성은 위 3개 분야에서 특허 침해가 없다고 하였다.

이에 대해 연방민사항소규칙 제35조에 따라 이례적인 사건으로 분류되어 애플이 전원합의체 심리요구를 했고, 여기에서 1심 판결을 그대로 유지하라는 판결이 등장하면서 삼성은 배상평결을 받았지만 2014년 이 일로 삼성은 더 이상 모방꾼(카피캣)이라고 하는 시장의 오명을 벗고 면죄부를 받았다. 이후 삼성은 특허 출원의 중요성을 더욱 인식, 공격적인 특허출원에 집중하고 있다.

학생들이 수업 시간에 궁금해하는 첫 번째 질문은 이것이다. 왜 애플은 2008년 안드로이드를 처음 탑재한 HTC G1 때 소송을 하지 않고, 좁은 골목에 서 있다가 삼성의 목을 물었냐는 것이다.

누구나 삼성의 뒤에 숨어 있는 것은 어디까지나 구글이란 사실을 알고 있다. 하지만 시장은 그런 것이다. 구글은 애플의 독주가 못마땅했지만 절대 먼저 전쟁을 시작할 수는 없었고, 애플 역시 시장에서 어느 정도 윤곽이 드러나 경쟁자로 인정되는 대상을 향해 때를 기다렸던 것이다.

창업자 스티브 잡스가 구글의 안드로이드에 극심한 반감을 가졌다는 것은 알지만, 좀 더 안드로이드 시장이 커지기를 애플과 싸울 위상이 있는 기업, 소비자를 설득할 수 있는 상품이 삼성이 되기를 기다렸던 것으로밖에 해석할 수 없다. 잡스가 죽자 팀 쿡은 스마트폰 1대당 40달러의 로열티를 삼성에게 요구함으로써 구글 동맹을 제대로 무너뜨릴 계획을 2011년 실행에 옮겼던 것이다.

학생들이 두 번째로 궁금해하는 질문은 이것이다. 이제 애플과 삼성은 서로를 인정한 것이냐는 것이다. 시작하는 것에는 끝이 있다. 노래 가사처럼 그 자리에 그 시간에 있지 않았으면 헤어지지 않을 수도 있지 않았느냐는 것처럼 2011년 4월에서 2018년 6월이 될 때까지 그들의 싸움을 면밀히 분석해 볼 때 경쟁은 어디까지나 시장이 허용해 주는 질서를 따라야 하며 법을 지키지 않았을 때 어떤 결과가 오는지, 많은 변호사 수임료를 내면서도 그들 두 기업은 무엇이 질서인지 확인할 운명이었다. 그래서 그들은 이제 더는 그들을 위해 만들어진 공고한 시장에 경쟁자인 서로를 향해 무기는 쓰지 않을 것이라고 학생들에게 나는 말해 준다.

어디까지나 전쟁도 인간이 하는 것이다. 이미 전쟁의 피로감을 맛본 두 맹수가 중세 시대의 길드와 같이 카르텔이 공고해진 이상 경쟁구도를 유지하되 신참은 인정하지 않을 것이 분명하기 때문이다.

특히 애플은 삼성 하나와 싸우는 것이 아니라 후발 구글동맹 전부와 싸워야 한다는 것, 일대 다수의 싸움이라는 것을 깨달았고 소송도 비즈니스에 불과하므로 각자 탈법과 준법이 무엇인지 법원에서 확인받은 이상 비즈니스의 모든 입구와 출구가 명확해졌기 때문에 당분간 스마트폰 시장은 안정적으로 평원에 노니는 양 떼들이라고 할 것이다.

우리는 기술을 분석하고 등록되는 특허와 비밀로 보호될 것이라고 추정되는 IP 앞에서 언제쯤 전쟁이 예상되고 어떻게 결과가 나올지 예측할 수 있는데 그것은 어디까지나 시장의 성숙도에 달려 있고 성숙에 대한 판단은 결국 인간의 마음에 달려 있음을 알게 된다.

시장은 언제나 살아 움직이는 유기체와 같아 영원한 적도 영원한 친구도 없음을 알게 해 준다. 이제 전쟁은 끝났고 새로운 도전자들은 이 전쟁을 바라보며 내가 여기에 진입할 수 있을까 의문을 갖게 된다. 전쟁은 여자의 얼굴을 하지 않는다.

메가경제, 2022. 7. 18.

산업보안 ④
– 폴라로이드와 코닥이 운명공동체로 함께했다면

특허가 어려운 것은 미국에서 싸울 때에는 미국에서 받은 특허로 싸워야 하고 중국에서 싸울 때에는 중국에서 받은 특허로 싸워야 한다는 것이다. 또 하나 특허가 어려운 것은 독점 20년을 유지하는 기간 돈도 많이 들고 싸우는 일들이 결국 불가피하다는 것이다.

그러나 기업은 미래가 어떻게 다가올지 현실적으로 알 수 없다. 그래서 송사에 휘말리면 끝까지 싸워야 할 것인지 말아야 할 것인지 항상 고민이 앞선다.

여기 폴라로이드와 코닥의 이야기가 있다.

1976년 4월 26일 폴라로이드는 코닥을 상대로 매사추세츠주 연방지방법원에 특허소송을 제기했다. 코닥은 폴라로이드가 주장한 12개 특허 침해 주장에 대해 매출의 5%를 달라는 협의를 받아들이지 않았고, 15년 후 결국 8억 7,300만 달러에 이르는 손해배상액을 지급한 뒤 다시는 즉석카메라 시장에 특허침해자로 각인되어 진입하지 못했다.

폴라로이드 역시 15년간 소송으로 8억이란 현금을 쥐었지만 이후 파산하였고, 지금은 지주회사인 PLR 홀딩스에서 관련 상품들을 일부 계속해서 생산하고 있다.

코닥 역시 이후 디지털카메라 시대에 적응하지 못하고, 결국 2012년 파산보호신청을 했고 코닥의 센서 사업부만 트루센스라는 명칭으로 독립한 상태이고 JK 이미징이란 회사도 코닥 브랜드로 콤팩트 카메라와 마이크로 포서드 카메라를 제조하고 있다.

코닥은 폴라로이드 이후 모든 노하우를 특허로 등록하여 많은 양의 특허를 가지고 있어 엄청나게 많은 양의 특허를 보유하였고, 파산신청 후 회생절차를 거치는 동안 5억 2,500만 달러의 특허를 마이크로소프트, 삼성전자, 구글, 아마존, 애플 등이 출자한 특허 전문 기업에 팔았으며 OLED 특허는 LG전자가 인수했다고 한다.

시대를 읽는 데 있어 기업은 특허침해가 발생했다고 하면 침해자를 적대적으로 보기 마련이다. 그러나 이때 누구 하나 칼을 내려놓고 함께 협력하여 시대를 읽었다면 폴라로이드와 코닥은 지금의 삼성과 애플의 위상이 되어 있을 수도 있는 위력 있는 기업이었다.

많은 기업인들이 특허라는 권리가 공개에 대한 대가로서 20년 독점기간을 주니까 특허출원보다 이제는 기업의 영업비밀로 보호하는 게 낫지 않느냐고 물어본다. 특허출원 내용이 공개된다는 것은 실제 기술 전부가 공개되는 의미가 절대로 아니다. 구체적으로 기술 노하우를 모두 적어야 한다는 뜻이 아니라는 것이다.

특히 지속가능경영이 약속되지 않은 회사에서 섣불리 기업의 노하우로 기술을 보호하겠다고만 결정하는 것은 향후 기업 가치의 선사용 설명 때 역침해로 어려움이 커질 수 있다. 일단 모든 기업은 자기 나라보다 시장이 큰 기업에 진입할 때는 특허권부터 신청하는 것이 최우선 순위이기 때문이다.

기술을 가지고 있는 것을 공개하는 불이익보다 경쟁자를 견제하고 선사용에 대한 안전망을 구축하며 권리를 넘어서서 재산으로서 포함되기 위해 특허는 당연히 최우선으로 결정하여야 한다.

기업의 영업비밀이 된 기술은 공개하지 않고 비밀로 잘 관리하여야 하는 것인데 모든 기업이 기술개발에 매진하고 있고, 연구자들이 이 순간에도 연구를 거듭하고 있는데 내가 먼저 개발했고 영업비밀로 특정했다는 것을 입증하는 것은 기업 입장에서 결코 쉬운 일이 아니다.

산업보안에서 중요한 것은 물 샐 틈 없는 관리와 일관된 기준인데 회사의 경영상태가 좋지 않을수록 사람의 퇴사나 관리체계의 지원은 쉽게 흔들릴 수 있으므로 산업보안에서 기술은 영업비밀로 보호되는 것이 우선이 아니다.

일단 기술은 특허로 등록하여야 하고 예외적으로 영업비밀로 보호되는 것을 고려해야 하며, 기술의 큰 줄기는 공개하지만 아주 주요한 부분인 개선사항이나 실제 데이터와 관련한 부분은 데이터로서 보호하면 된다.

특허권 활용이 분쟁을 불러오고 브랜드 자체를 해할까 봐 특허와 영업비밀 중 어떻게 보호해야 할지는 항상 기업의 판단이 어렵지만 진정한 업계의 선의의 경쟁자들과 공정한 경쟁을 하기 위해 부딪히고 마모되는 과정은 피할 수 없는 부분이다.

누가 그랬던가. 운명은 내가 선택하지만 그 위에서 만나기로 예정된 경쟁자와 사건들은 피할 수 없는 숙명이라고.

메가경제, 2022. 7. 25.

산업보안 ⑤
- 냅스터와 그록스터, 기술혁신을 위협하는 것은 경영태도이다

경영학에서는 파괴적 기술을 개발하여 이를 경영하는 문제는 투자자들의 수익을 담보하는 문제와 직결되므로 어떻게 경영하여야 할지 위협요소를 소거하는 것이 필요하다.

즉, 기존 시장이나 산업 구조를 뒤흔드는 잠재력을 가진 신기술이 등장하는 경우 그 잠재력으로 인하여 저항을 받는 경우가 많은데, 법률은 이러한 기술에 대해 면죄부를 줄 수도 있고, 이런 기술을 영원히 퇴장시켜 세상에 못 나오게 할 수도 있다.

MGM 스튜디오 대 그록스터 사건은 1심과 항소심에서 면죄부를 받은 것을 2005년 연방대법원이 철퇴를 내린 사건으로 경영자들에게 자주 회자되는 판결이다.

이 판결은 기술 그 자체 때문이 아니라 기술을 불법복제 행위에 용이하게 권장한 기업은 자신의 행위에 책임이 있다는 것을 판시하여 기술경영에 있어 준법경영이 중요한 지표가 된 사건이라고 할 수 있다.

사실 온라인 음악 파일 공유서비스를 하던 냅스터가 1999년 중앙 서버를 통해 사용자들 사이를 연결하는 중앙집중형 P2P(개인 간 파일 공유) 방식을 채택했을 때, 미국의 레코드 업계는 모두 힘을 합쳐 사용자들 사이 불법복제에 직접 관여했다는 혐의를 씌워 냅스터에 대해 소송을 걸어 승소했다. 이 사건으로 인해 냅스터는 2001년 파산하여 업계를

퇴장했다.

그런데 또 다른 P2P 업체였던 그록스터의 서비스 방식은 냅스터의 중앙집중형 파일 공유 방식과는 차이가 있었다. 그록스터는 저작물을 공유할 수 있는 소프트웨어만 공급할 뿐 사용자들이 저작물을 제외한 파일도 공유할 수 있었다. 그런 만큼 사용자들이 소프트웨어를 어떤 용도로 사용하는지 자신들은 관여하지 않는다고 그록스터는 주장했다.

당시 MGM 스튜디오와의 소송에서 그록스터가 선택한 방어논리는 소니의 비디오 녹화기(VCR)에 대해 유니버설 스튜디오가 1980년대 제기한 소송의 결과였다.

당시 연방대법원은 소니가 소비자들이 비디오 녹화기를 가정에서 불법 복제 사용하는 것까지는 책임질 필요가 없다면서 총기제조업체도 즐겨 사용하는 '기술의 가치중립' 논리라는 판결을 내렸다.

물론 냅스터의 중앙집중형 P2P 기술과 같은 경우 어떤 방어 논리도 무력할 정도로 기업의 관여는 명확해진다. 하지만 소프트웨어만 공급할 뿐 이용자들이 어떤 용도로 사용하는지에 대해 관여하지 않는다는 그록스터의 주장에 하급심과 연방대법원의 판결은 엇갈렸다.

그록스터에 대해 1심인 캘리포니아주 지방법원과 항소법원은 냅스터 때와 달리 직접적 관여가 없다는 이유로 그록스터의 손을 들어 주었다. 하지만 연방대법원은 저작물을 공짜로 획득하려는 욕구에 기반하여 이러한 수요를 자신들의 수익으로 만들려는 뻔한 의도가 보인다며 그록스터에 대해 저작권침해의 책임을 인정하는 판결을 만장일치로 내렸다.

불법경영의 증거로는 사용자들이 불법으로 영화를 다운로드받으려면 어떻게 해야 하는지 질문한 것에 대해 이메일로 대답해 준 기업의 문건이나 그록스터를 홍보하기 위하여 제2의 냅스터인 것처럼 행사한 것들이 드러났다. 오픈냅 시스템 같은 곳에 냅스터 같은 키워드를 넣으면 자신의 웹사이트를 안내하도록 했던 것이 바로 그것이었다.

반면 1980년대 유니버설 스튜디오 대 소니 소송 건에서는 소니가 불법 경영을 했다는 증거로 인정할 만한 것이 부족했다.

당시 판사들은 제품 판매처에서 불법적 사용을 종용한 적도 없거니와 합법적 용도로 소니의 제품 VCR을 사용자가 사용할 가능성이 높고, (사적 이용을 위해서만 복제 사용) 사용자들의 가정에서 일어난 불법 행위에 대해 2차적 책임을 매번 소니에게 묻는 것은 가혹하다는 시각을 받아들였다. 소니는 제품 유통까지만 관여한 것이고(제품 판매에서 불법 사용 종용이 없었다면) 가정의 불법 행위 조장까지 관여한 것은 아니라는 것을 주장할 수 있었다.

실제 라디오가 등장할 때 음반 판매가 느꼈던 불안과 불확실성, TV가 등장할 때 영화사들이 극장 수익에 대해 느꼈던 불안과 불확실성 등 홍보와 침해 사이에서 경영자들은 기술을 혁신하고 개발할 때 두려움이 앞서지만 법이 주목하는 것은 경영자의 동기와 자세, 경영 방식을 지켜본다.

즉, 해야 할 일을 하지 않거나 하지 않아도 좋은 일을 하게 되면 기술이 아무리 가치중립적이라도 경영의 위협은 존재하므로 제조나 유통, 고객 대응에서 의도가 빤히 보이는 불법 경영의 증거를 쌓지 않는 것이 가장 중요한 것이다.

최근 한 경영자분이 나를 찾아와 스마트 기기와 개인 PC에 제휴받지 않은 저작물(영상·음악·소프트웨어에 한정하여)을 다운로드받은 경우 이를 삭제하라고 경고하는 소프트웨어를 만들면 어떠할지 물어왔다.

경영자의 입장에서 위협받지 않고 기술을 경영하고자 하는 안정적 욕구는 이해 못 하는 바 아니지만 몇 가지 국내 저작권보호기술이 처했던 회사들의 상황을 설명해 주었더니 주주들과 상의하겠다며 흡족하게 돌아갔다.

실천법학은 어디까지나 경영자들이 기술경영에 있어 어떤 선택을 재검토할 수 있도록 하는 것이라 생각한다. 최상을 꿈꾸던 수익경영이 파산이나 업계 퇴장이라는 최악의 시나리오가 되지 않도록 경영자에게 알릴 수 있는 모든 주의의무를 알리는 실사구시라고 생각한다.

즉, 알아서 논문을 읽으라고 할 것이 아니라 판례나 다른 기업의 고민을 공유시켜 기술 혁신에서 위협하는 것들을 미리 고려하며 기술 개발을 꾀하도록 하는 것이다. 이와 같이 비즈니스는 불확실성을 가지지만 이용자 충성이나 경영자의 불법 경영을 최소화하는 방식으로 도모되어야 한다.

성공하는 기업은 절대로 눈앞의 달콤한 수익 때문에 불확실성을 증대시키지 않는다. 불확실성이 증가하여 분쟁이 발생하면 당사자의 화해가 급선무이다. 불씨는 깨닫는 순간 끄는 것이 원칙이다.

일부 경영자가 분쟁을 홍보수단으로 생각하는 어리석음을 보여 주는데 주주들의 이익에 반하고 경영을 위태롭게 하는 행동은 혁신적인 기술에 있는 것이 아니라 그록스터와 같이 홍보나 고객응대처럼 경영태도에 있음을 잊어서는 안 될 것이다.

메가경제, 2022. 8. 1.

산업보안 ⑥
- 스마트폰 시장, 더 많은 제조사가 시장에 진입하려면

2011년 가을 잡스는 죽었지만, 애플의 폐쇄성을 구글의 개방성에 대응해 볼 때, 그의 정신은 여전히 그대로 이어져 오고 있다.

"어이 너희 구글 연대들, HTC, 모토로라, 삼성, 너희는 내 아이폰을 훔쳤어. 너희는 도둑 그 이하도 이상도 아니야."

물론 애플은 특허를 훔쳤다는 생각만큼이나 아이러니하게 아이폰 개발 당시 애플의 이사 중 한 명이 구글의 전(前) 회장 에릭 슈미트라는 사실, 한때는 한 진영에 섰었던 자와 대항점에 섰다는 사실이 가장 잡스를 화나게 한 일 중의 하나였을지도 모르겠다.

위와 같은 애플의 사례로 볼 때, 후발주자인 기업은 그 분야의 강자들에 비해서 자신의 제품과 기술을 보호해 줄 중무장한 특허를 많이 보유하고 있지 않은 데 비해, 시장의 강자들은 이미 오랫동안 무기를 갖고 있으므로 기술혁신을 촉진하기 위한 법 제도인 특허제도가 때에 따라서는 기술혁신을 가장 저해하고 있는 것은 아닌가 생각하게 된다.

물론 애플은 그렇지 않지만 스스로 상품의 제조와 생산은 하지 않아 특허침해 소송을 당할 우려는 없게 한 뒤 특허권 행사만을 통해 많은 기업을 괴롭히는 특허 괴물의 등장은 특허제도를 원점에 서서 생각해 볼 필요가 있게 하는 대목이다.

그래서 IT 산업의 발전을 위해 점차적으로 중요해지고 있는 것이 표

준의 역할이라고 할 수 있고 표준화를 하기 위한 가장 중요한 요소는 제품의 수명에 따른 것이다. 제품 수명은 도입기, 성장기, 성숙기, 쇠퇴기로 전개될 수 있고 국가는 표준화에 대한 개입 시기와 방법을 결정하여야 한다.

즉, 시기별로 사실상 표준과 업계 표준, 표준화기구에 의한 표준을 결합하여 표준을 할지 아닐지를 결정할 수 있는데 이때 가장 기초가 되는 것이 상호운용성이다. 복수의 표준이 시장에 있게 되면 소비자는 기기를 바꿀 때마다 전체적인 시스템의 재구매를 요구받고 추가적으로 비용을 부담하게 될 수밖에 없기 때문이다.

DRM(디지털 저작권 관리)의 특성과 DRM의 상호운용성에 대한 주요국의 동향을 되돌아보자.

"(DRM은) 저작물이 공적 영역에 편입되는 것을 방해하고 공적 영역에서 공중이 저작물을 활용하는 것을 방해하는 문제 등을 야기하고 있기도 하다. 그리하여 세계 각국은 DRM의 상호운용성(상이한 포맷과 기기 상호 간에서도 작동할 수 있는 것)의 확대를 중요한 과제로 제시·강조하고 있으며, 미국 연방통신위원회(FCC)는 2005년 7월 1일 방송콘텐츠가 P2P 시스템으로 권한 없이 재전송되는 것을 막기 위하여 방송플래그 정보를 디지털 텔레비전 신호를 수신하는 모든 기기에 넣도록 하는 명령을 제정하기도 하였으며, 프랑스 하원은 위 애플사 사건을 계기로 2006년 3월 21일 「저작권법」을 개정하여 세계 최초로 온라인 콘텐츠 서비스의 상호운용성을 보장하기 위한 조치를 마련하는 법안(이른바 DRM해제법안)을 통과시키기도 하였다. 그러나 위 법안은 같은 해 5월 10일 상원에서 수정되어 '호환성 보장을 위한 기술공개의무조항'이 삭제되고, 다만 기술적 보호조치의 호환성 보장을 위한 필수정보 공개를 조정위원회에

신청할 수 있도록 하였으나 그에 대한 반대가 있어 헌법위원회는 2006년 7월 27일 일부 조항을 위헌으로 결정하여 DRM의 폐쇄적 운용을 차단하고자 하였던 상호운용성은 그 활용범위가 축소되게 되었다. 그 밖에 독일도 「저작권법」을 개정하여 공정이용에 해당하는 경우에는 기술적 보호조치를 한 자에게 그 조치의 해제의무를 부과하는 내용으로 개정을 한 바 있으며, 덴마크 정부는 2006년 3월 26일 2007년까지 DRM의 상호운용성에 관한 법률의 제정을 추진할 방침을 밝힌 바 있다."(서울고등법원 2007. 12. 27. 선고 2007누8623판결)

애플의 아이폰 저작물을 삼성 갤럭시로 옮기는 일이 여전히 불가능한 가운데, 구글은 더 많은 제조사들을 안드로이드 플랫폼의 개방성으로 끌어들이고 제조사들의 다양성과 증가하는 고객을 자신의 무기로 삼고 있다. 물론 구글의 성장이 애플의 충성도 고객을 건드리지는 않고 있는 것은 사실이다.

이 전쟁의 시작은 구글이 제조사들에게 안드로이드 운영체제 소프트웨어를 무료로 배포함으로써 시작했고, 이는 마이크로소프트 수익의 하락을 가져오게 하였다. 구글 동맹의 제조사들이 모두 이전에 마이크로소프트의 고객이었으나 이제 무료로 소프트웨어를 나누어 주는 구글의 편에 서 있기 때문이다. 결국 마이크로소프트의 자리가 침해된 것이다. 이쯤에서 순진한 생각일지 모르나 상호운용성에 대한 논의가 필요할 것으로 보인다.

갤럭시에서 보던 저작물을 아이폰에서 보는 데 불편하여 어쩔 수 없이 계속 쓰던 휴대폰의 다음 단계를 쓸 수밖에 없는 것은 소비자의 권리를 침해하는 것이기 때문이다. 미국에서 가장 존경받는 대법관 중 하나인 홈즈 대법관은 "친애하는 시민들이 지옥으로 가려 한다면 돕겠다. 그게 내 일이니까."라는 말을 했다. 즉, 대중의 의견을 바꾸기보다는 그 의견에 정당성을 지지해 주고 그들을 끌어안는 것이 법의 역할이고 법관의 역할이라는 것이다.

누구나 시장의 고객은 우수한 제품을 선택해 줄 것이라고 믿고 능력에 따른 분배를 꿈꾼다. DRM해제법안이 없더라도 교차하여 더 다양한 제조사를 구매할 수 있는 소비자의 권리를 말할 때가 된 것 같고, 스마트폰 시장의 표준화를 논의할 만큼 성숙한 것은 피할 수 없는 사실이다.

메가경제, 2022. 8. 8.

산업보안 ⑦
- PCI 코어 소스프로그램 유출 사건

기업을 운영하는 데 진정성이 있는 경영자도 있지만 때에 따라 만나는 경영자 중에서는 오직 돈벌이를 위해서 기업을 운영하는 경우도 있다.

예를 들어 기술을 잘 모르는 투자자들의 심리를 이용하여 특허 무효가 될 것이 뻔한 기술을 특허 출원하고 기다리는 척하며 투자자를 미혹하는 경우도 있고, 자신의 회사에 관심을 가지고 투자를 해 준 투자자들의 명단을 브로커에게 높은 가격에 판매하여 경영자로서의 일말의 양심을 포기하는 경우도 있다.

하지만 대부분의 경영자는 가해자보다는 피해자의 입장에 서게 되는 경우가 많다. 특히 경영자가 자신이 믿었던 직원의 배임 행위를 통해 하루아침에 기업의 알곡 같은 자산을 잃게 되는 경우, 경영자뿐 아니라 법인의 임직원 모두가 일할 직장을 잃고 파산의 위기로 치닫기도 한다.

이 사건 관련 피고인은 피해 회사의 직원으로서 2차례에 걸쳐 피해 회사에 비밀유지서약서를 작성해 제출하였고, 피해 회사는 회사에 대한 출입 통제 등의 물리적 보안과 폐쇄회로(CC)TV를 통한 영업비밀 유출행위 감시, 연구·개발 사항에 대한 접근 대상자의 통제, 그리고 회사 내 컴퓨터에 대한 해킹이나 자료유출 방지를 위한 백신 프로그램 설치 등의 조치를 취하였으므로, 상당한 노력에 의하여 설계 소스프로그램을 비밀로 유지하여 왔다.

그럼에도 불구하고 피고인은 3회에 걸쳐 피해자 회사의 영업비밀 및 컴퓨터프로그램 저작물인 제품의 각 소스프로그램을 개작하여 A 주식회사를 위하여 설계 소스프로그램을 작성함으로써 피해자 회사의 영업비밀을 사용하고, 피해자 회사의 컴퓨터프로그램 저작권을 침해하였다는 것이다.

이 기술은 CCTV 카메라로부터 들어오는 아날로그 영상신호를 디지털 방식으로 전환하여 저장하는 영상감시 및 저장에 관한 PC용 DVR(디지털 비디오 녹화기) 보드 제품에서 PCI 코어(core) 부분, 라이브 디스플레이 데이터(live display data) 저장 및 전송부분 등 DVR 보드에 필요한 부분의 기능을 반도체 소자에 집적화한 기술이다.

즉, PCI(주변장치 상호연결) 슬롯을 탑재하고 내부 핀 헤더에 의해서 최대 14기의 COM 포트(Communication Port·직렬 통신 포트)를 지원하고, 산업 기기 제어 단말기나 키오스크 단말기, 차재 단말기 등의 기준에 적합하게 하는 기술이다.

이 설계에 적용된 각 소스프로그램은 피해자 회사가 '가' 회사로부터 사용 허락을 받은 PCI 코어 소스프로그램을 PC용 DVR 보드라는 이용 목적에 맞도록 개작하고, 여기에 스스로 제작한 DVR 기능 영역의 소스프로그램을 유기적으로 결합시킨 것으로서, 그 세부적인 내용이 불특정 다수인에게 알려져 있지 않아 공연히 알려져 있지 아니한 정보, 영업비밀에 해당한다.

피고인은 이에 대해 개작한 프로그램의 원시 코드(소스코드)를 공중에 공개할 의무가 부과되는 소위 일반공중허가(General Public License·GPL) 조건이 부가된 프로그램이 이 사건 각 소스프로그램 중에 사용되었다고 주장하였다.

GPL은 자유 소프트웨어 재단(FSF)에서 만든 오픈소스 소프트웨어(무상 공개 소프트웨어)에 대한 라이선스 계약서로서 FSF의 설립자인 리쳐드 스톨먼에 의해 제창되었다. 오픈소스 소프트웨어 라이선스로 제공된 소스코드는 공유가 가능하다.

그러나 PCI 코어 소스프로그램의 개작과 DVR 기능 영역의 소스프로그램 제작의 난이도, PCI 코어 소스프로그램과 비교하여 피해자 회사가 개작한 PCI 코어 소스프로그램 부분의 수정률, 그리고 개작 또는 제작된 부분이 각 소스프로그램에서 차지하는 비중 등을 종합하면, 이 사건의 각 소스프로그램 중 개작 또는 제작된 부분은 창작성을 인정할 수 있어 새로운 지식재산이라고 볼 것이다.

그러므로 피해자 회사가 이를 임의로 공개하지 아니하는 이상 이 사건 각 소스프로그램이 공지의 상태에 있게 되는 것은 아니다.

피고인은 이 사건 각 소스프로그램의 창작에 대해 제품을 만들 당시 피고인의 기여가 인정되어야 한다고 하였지만, 그렇다고 하더라도 피해자 회사에 대한 영업비밀 침해나 컴퓨터프로그램 저작권 침해의 성립에 영향을 미칠 수는 없다.

나아가 피해자 회사가 오랜 기간 동안 많은 비용을 들여 개발한 이 사건의 각 소스프로그램은 피해자 회사가 판매하는 DVR 보드에서 중요한 기술적 요소이므로 독립된 경제적 가치를 가진다. 따라서 이 사건의 각 소스프로그램은 피해자 회사의 영업비밀이라고 할 것이므로, 피고인이 A 주식회사를 위하여 설계 소스프로그램을 작성함에 있어 이를 사용한 것은 피해자 회사의 영업비밀을 침해한 것이다.

배임죄는 타인의 사무를 처리하는 자가 그 임무에 위배하는 행위로써 재산상 이익을 취득하거나 제3자로 하여금 이를 취득하게 하여 본인에게 손해를 가함으로써 성립하는 범죄다. 여기에서 '재산상의 손해를 가한 때'에는 현실적인 손해를 가한 경우뿐만 아니라 재산상 손해 발생의 위험을 초래한 경우도 포함된다.(대법원 2013. 4. 11. 선고 2012도15890 판결 등 참조)

절도죄의 성립에 필요한 '불법영득의 의사'란 '권리자를 배제하고 타인의 물건을 자기의 소유물과 같이 이용·처분할 의사'를 말하고, 영구적으로 물건의 경제적 이익을 보유할 의사임은 요하지 않는다.

일시 사용의 목적으로 타인의 점유를 침탈한 경우에도, 사용으로 인하여 물건 자체가 가지는 경제적 가치가 상당한 정도로 소모되거나 또는 상당한 장시간 점유하고 있거나 본래의 장소와 다른 곳에 유기하는 경우에는, 이를 일시 사용하는 경우라고 볼 수 없으므로 영득의 의사가 없다고 할 수 없다(대법원 2012. 7. 12. 선고 2012도1132 판결 등 참조).

결국 피고인은 피해자 회사의 물품 담당 관리책임자에게 반출신고를 하지 않은 채 피해자 회사의 카메라를 임의로 가지고 나온 점, 피고인이 2007년 10월 9일 상기 카메라가 압수되기까지 이를 피고인의 집에 보관한 점 등으로 피해자 회사의 카메라에 대한 불법영득의 의사가 있었다고 판단되어 「부정경쟁방지 및 영업비밀 보호에 관한 법률」 영업비밀 누설 등의 죄, 업무상 배임죄, 「컴퓨터프로그램보호법」 위반죄, 절도죄 유죄의 판결을 받았다(대법원 2014. 8. 20. 선고 2012도12828 판결).

영업비밀 유출은 직원의 유죄판결과 상관없이 경영자의 경영 능력과 외관상 인지도 하락 등 피해 회사에 너무 큰 타격을 준다.

가장 큰 원인은 직원과 회사 간 영업비밀에 대한 범위의 이해도가 다른 것이므로 회사는 수많은 데이터 중에서 어떤 것이 기업의 재산가치 높은 영업비밀인지 자주 논의하고 이를 명확히 하여야 한다. 결국 보안의 기강 해이를 막는 것은 기업의 내부 구성원의 협력이므로, 이는 기업의 영업비밀을 지키는 최고 파수꾼이기 때문이다.

메가경제, 2022. 8. 22.

산업보안 ⑧
- 글로벌 기업은 실패했으나 다양한 식음료 포문을 열었던 카페베네

오늘날의 선진자본주의 국가의 산업에서는 소수의 거대기업이 공급량의 대부분을 장악하고 있으며, 이들 대기업은 서로 가격인하 경쟁 등으로는 경쟁상대를 쓰러뜨릴 수 없다는 것을 알고 있기 때문에, 카르텔이나 기타 각종 협정으로 공존을 꾀하고 있다. 그러나 이미 형성된 가격경쟁 이외의 다른 수단을 이용하여 치열한 경쟁을 벌이게 되는데, 카페 시장이 그러하였다. 카페베네는 당시 엔젤리너스, 이디야 등과 2012년 카페 시장에 있어서 프랜차이즈 카페의 포화상태를 가져왔다. 이와 같은 과점경쟁체제에서는 가격은 과점기업이 결정하고 가격하락 요인이 있어도 가격은 내려가지 않고 하방경직성이 심해진다.

1930년대에 미국의 대공황은 과점의 시작이라 할 수 있는데 결국 이윤을 어느 정도 줄여서라도 장기적으로 안정된 이윤을 확보하는 편이 유리하다는 기업들의 판단과 미국의 뉴딜 정책으로 인한 「전국산업부흥법」 등 대기업을 미국이 보호해 준 입법들로 제2차 세계대전을 거쳐 과점이 성립하였다.

이와 유사하게 한국 역시 1960년대 후반에 들어 고도성장 계획에 따른 재벌이 형성되었으며, 이들에 의한 과점이 이뤄져 이를 없애고자 「독점규제 및 공정거래에 관한 법률」을 제정·공포하였다. 결국 과점 기업은 독점적 경쟁으로서 제품차별에 의해 경쟁하며 그렇지 않은 경우 가격협

정이 결성될 가능성이 짙다.

카페시장에 도전장을 내밀었던 카페베네는 스타벅스와 커피빈, 엔젤리너스 등 외국계 커피 브랜드에 도전한 국내 커피 브랜드로서 2008년 5월 설립 이후 런칭 2년 만에 매장 수를 395개까지 확장하면서 주목받은 기업이었다.

2012년 4월, 중국 북경에 3개의 매장을 동시 오픈한 카페베네는 중국의 부동산금융그룹인 중기그룹과 합작형태로 중국시장에 진출하여 계속해서 성장하였다.

그러나 추락하는 것은 날개가 없다고 했던가. 2015년 중순, 가맹점 가입 희망자에게 보너스를 지급하는 방법을 통해 가맹점 수를 빠르게 늘리는 외형적 확장에만 집중하였고 무리한 가맹점 확장은 넓은 중국 대륙에서 유통에 있어 문제를 야기, 재료공급에 차질을 주었으며 이러한 경영부실이 중국의 많은 매장에 피해를 주었고 중기그룹과 갈등이 심해졌다.

결국 2015년 하반기부터는 중기그룹이 경영권을 가지게 되고 카페베네는 경영권이 배제되면서 중국에서의 실패는 국내에도 영향을 주어 2016년 영업손실 134억, 당기순손실 336억으로 창립 9년 만에 자본잠식이 되었다.

카페베네의 중국에서의 실패는 한국 카페베네와 중국 카페베네 두 법인을 나누어 생각해 볼 수 있는데, 우선 한국 카페베네는 매장 수가 확장된 것이 기업의 외형 확장에 불과, 순수한 이익 증가라고 잘못 이해했던 것이다. 과점적 경쟁시장에서 가맹점 증가와 매출증가가 곧 성장률과 순이익 증가로 볼 수는 없는데 카페시장이 캐시카우인 것은 명확한 것이므로 가맹점 증가와 매출증가를 성공지표로 판단하여 중국 사업의 발판을 가졌던 것이다.

국내에서는 보통 잘 알려진 상표명으로 반복 구매를 촉진하면서 사업 운영을 기대할 수 있었지만, 결국 이런 사업은 시장점유율만 높일 뿐 시장성장률이 낮다는 것을 잠시 잊었던 것이다.

더 나아가 중국은 가맹점 확보가 기업성공의 지표인지 충분히 현지화에서의 사업 성공 가능성을 고려하지 않은 채, 가맹점 수의 확장에만 집중하였고 식재료 공급라인이 완전하게 갖춰져 있지 않은 것 역시 중국 가맹점주 불만을 증가시켰다. 결국 카페베네는 경영을 중기그룹에 넘겨주면서 남겨진 채권을 인수하며 중국에서 2016년 말에는 별다른 투자자를 구하지 못하고 한국으로 돌아오게 된다.

중국에서 경영을 철수하면서 카페베네는 여러 가지 지식재산도 포기하고 떠날 수밖에 없었다. 즉, 중국에서의 카페베네 상표 사용과 식음료를 만드는 노하우 등이 그것이다. 당시 카페베네에는 예쁜 음료명과 개발되어 있는 신메뉴가 많았는데, 이에 대한 권리도 제대로 요구할 수 없었던 것이다.

「상표법」 제90조 제1항 제2호는 "등록상표의 지정상품과 동일 또는 유사한 상품의 보통명칭·산지·품질·원재료·효능·용도·수량·형상·가격 또는 생산방법·가공방법·사용방법 및 시기를 보통으로 사용하는 방법으로 표시하는 상표"에 대하여는 상표권의 효력이 미치지 않는다고 규정하고 있어 최근 카페에서 만든 메뉴는 웬만한 신규성이 아니면 보통명칭에 해당할 것이다. 하지만 당시 카페베네는 매우 공격적이고 선도적인 위치에 있었던 것은 사실이다.

「상표법」상 보통명칭이라 함은 그 지정상품을 취급하는 거래계에서 동종업자 및 일반 수요자 사이에 그 상품을 지칭하는 것으로 실제로 사용되고 인식되어 있는 일반적인 명칭, 속칭 등으로서 특정인의 업무에 관련된 상품이라고 인식되지 아니하는 것을 말한다(대법원 2003. 8. 19. 선고 2002후338 판결).

「상표법」상 해당 규정의 취지는 본래 보통명칭과 같은 상표는 통상 상품의 유통과정에서 필요한 표시여서 누구라도 이를 사용할 필요가 있고 그 사용을 원하기 때문에 이를 특정인에게 독점배타적으로 사용하게 할 수 없다는 공익상의 요청과 그러한 상표는 타인의 동종 상품과의 관계에서 식별이 어렵다는 점에 이유가 있는 것이다(대법원 2004. 8. 16. 선고 2002후1140 판결). 또한 권리범위확인 사건에서 어느 상표가 보통명칭화되었는가 여부의 판단의 기준시점은 권리범위확인심판의 심결 시라고 할 것이다(대법원 1999. 11. 12. 선고 99후24 판결).

그 밖에도 조리법 등은 영업비밀로 볼 수 있는 여지가 있는데 여전히 프랜차이즈 가맹이 종료된 이후에도 이를 이용하고 있다면 「부정경쟁방지 및 영업비밀보호법」상 영업비밀침해죄로 볼 수 있다.

영업비밀이란 공공연히 알려져 있지 아니하고 독립된 경제적 가치를 가지는 것으로서 합리적인 노력에 의하여 비밀로 유지된 생산방법, 판매방법, 그 밖에 영업활동에 유용한 기술상 또는 경영상의 정보를 말한다.

온라인 사진을 공유하는 유명 SNS에서 한국인들이 중국에서 식음료를 마시며 찍은 기념사진을 우연히 보았는데 카페베네 비슷한 상표와 메뉴 사진이 최근 사진인 것으로 보였다. 현지화에 실패했다는 오명으로 한국 카페베네는 이제 가맹점이 많지는 않지만 여전히 내가 즐겨 찾는 카페이다. 중국에서 철수하면서 상표와 식음료조리법 등을 완전히 회수하지 못한 부분들은 안타깝지만 경영인들은 경영사례로 잊지 말아야 할 사례라고 생각한다.

메가경제, 2022. 8. 29.

산업보안 ⑨
- 랩서스 갱단과 같은 해킹그룹이 NFT를 노린다

랩서스는 세계 주요기업을 해킹하고 협박하는 집단으로 2021년 12월 10일 브라질 보건부 사이트를 공격하여 50테라바이트(TB) 데이터를 삭제한 혐의로 올해 3월 영국에서 일당으로 의심되는 7명이 체포되었다는 뉴스가 전해졌다. 이후 유사한 수법이 조금은 뜸해졌다.

랩서스로 인하여 브라질 보건복지부의 수백만 명 코로나19 백신 접종 데이터가 삭제되었다. 이후에도 1월에는 TV 채널과 신문사를 보유한 ○○미디어 그룹이 공격받아 웹사이트가 마비되고 방송이 중지되었고, 2월과 3월에도 계속해서 게임회사, 보안전문회사 등이 공격당해 기업의 가치가 심각하게 훼손됐다. 그런데 이번에는 비슷한 수법으로 NFT(대체불가토큰)가 계속 공격을 당하고 있다.

2021년 2월 19일, 세계 최대의 NFT 장터 오픈씨에서 17명의 사용자가 피싱(Phishing) 공격에 속아 총 170만 달러 상당의 NFT를 도난당했다. 당시 수법은, 업그레이드 통지 메일로 위장한 피싱 메일을 보내 사용자들을 피싱 웹사이트로 유인한 뒤 그들을 속여 NFT를 범인들의 전자지갑으로 보내게 했고 4월 25일, 세계 최대의 NFT 프로젝트 '지루한 원숭이들의 요트클럽'의 운영자 공식 인스타그램을 해킹한 뒤 이 계정으로 사용자들에게 사은품을 주겠다고 피싱 링크를 제공해 300만 달러 상당의 NFT를 훔쳤다.

이와 같이 대부분 관리자 계정을 훔친 뒤 업그레이드나 사은품 등 사용자들의 흔한 PC 습관과 심리를 활용하여 피싱링크를 제공하고 정보를 제공받아 NFT를 탈취한다. 그런데 해커를 잡지 못하는 한, 피해자로서는 결국 관리자 계정을 제대로 관리하지 못한 기업을 대상으로 침해구제를 요구할 수밖에 없다.

이에 대법원은 현재 구(舊) 정보통신서비스 제공자가 「구 정보통신망 이용촉진 및 정보보호 등에 관한 법률」(구 정보통신망법) 제28조 제1항이나 정보통신서비스 이용계약에 따른 개인정보의 안전성 확보에 필요한 보호조치를 취하여야 할 법률상 또는 계약상 의무를 위반하였는지 판단하는 기준을 다음과 같이 판시하고 있다.

"① 개인정보를 안전하게 취급하기 위한 내부관리계획의 수립·시행, ② 개인정보에 대한 불법적인 접근을 차단하기 위한 침입차단시스템 등 접근 통제장치의 설치·운영, ③ 접속기록의 위조·변조 방지를 위한 조치, ④ 개인정보를 안전하게 저장·전송할 수 있는 암호화 기술 등을 이용한 보안조치, ⑤ 백신 소프트웨어의 설치·운영 등 컴퓨터바이러스에 의한 침해 방지조치, ⑥ 그 밖에 개인정보의 안전성 확보를 위하여 필요한 보호조치'를 규정하였으므로 정보통신서비스 제공자는 구 정보통신망법 제28조 제1항 등에서 정하고 있는 개인정보의 안전성 확보에 필요한 기술적·관리적 조치를 취하여야 할 법률상 의무를 부담한다."

정보통신서비스 제공자가 정보통신서비스를 이용하려는 이용자와 정보통신서비스 이용계약을 체결하면서, 이용자로 하여금 이용약관 등을 통해 개인정보 등 회원정보를 필수적으로 제공하도록 요청하여 이를 수집하였다면, 정보통신서비스 제공자는 위와 같이 수집한 이용자의 개인정보 등이 분실·도난·누출·변조 또는 훼손되지 않도록 개인정보 등의 안전성 확보에 필요한 보호조치를 취하여야 할 정보통신서비스 이용계약상의 의무를 부담한다.

즉, 수집하는 정보만큼 안전성 확보에 필요한 보호조치도 취하여야 한다. 그런데 정보통신서비스가 '개방성'을 특징으로 하는 인터넷을 통하여 이루어지고, 정보통신서비스 제공자가 구축한 네트워크나 시스템과 운영체제 등은 불가피하게 내재적인 취약점을 내포하고 있어서 이른바 '해커' 등의 불법적인 침입행위에 노출될 수밖에 없고, 완벽한 보안을 갖춘다는 것도 기술의 발전 속도나 사회 전체적인 거래비용 등을 고려할 때 기대하기 쉽지 않다.

또한 해커 등은 여러 공격기법을 통해 정보통신서비스 제공자가 취하고 있는 보안조치를 우회하거나 무력화하는 방법으로 정보통신서비스 제공자의 정보통신망 및 이와 관련된 정보시스템에 침입하고, 해커의 침입행위를 방지하기 위한 보안기술은 해커의 새로운 공격 방법에 대하여 사후적으로 대응하여 이를 보완하는 방식으로 이루어지는 것이 일반적이다.

이처럼 정보통신서비스 제공자가 취해야 할 개인정보의 안전성 확보에 필요한 보호조치에 관해서는 고려되어야 할 특수한 사정이 있다.

그러므로 정보통신서비스 제공자가 구「정보통신망법」제28조 제1항이나 정보통신서비스 이용계약에 따른 개인정보의 안전성 확보에 필요한 보호조치를 취하여야 할 법률상 또는 계약상 의무를 위반하였는지 여부를 판단함에 있어서는, 해킹 등 침해사고 당시 보편적으로 알려져 있는 정보보안의 기술 수준, 정보통신서비스 제공자의 업종·영업규모와 정보통신서비스 제공자가 취하고 있던 전체적인 보안조치의 내용, 정보보안에 필요한 경제적 비용 및 효용의 정도, 해킹기술의 수준과 정보보안기술의 발전 정도에 따른 피해 발생의 회피 가능성, 정보통신서비스 제공자가 수집한 개인정보의 내용과 개인정보의 누출로 인하여 이용자가 입게 되는 피해의 정도 등의 사정을 종합적으로 고려하여 정보통신서비스 제공자가 해킹 등 침해사고 당시 사회통념상 합리적으로 기대 가능한 정도의 보호조치를 다하였는지 여부를 기준으로 판단하여야 한다(대법원 2018. 1. 25. 선고 2015다24904, 24911, 24928, 24935 판결).

결국 바로 그 '당시 사회통념상 합리적으로 기대 가능한 정도의' 보호조치를 입증하는 것이 개인정보의 안전성 확보에 필요한 기업의 의무 위반 여부를 판단하는 관건인 것이다.

메가경제, 2022. 9. 5.

산업보안 ⑩
– 공급망 공격에 대응하는 기업의 자산 보호 방향

산업보안이란 산업적으로 보호할 가치가 있는 유무형의 자산을 보호하는 것으로서 영리적인 것에 한정되지 않고 비영리적인 재화나 서비스를 생산하는 활동도 포함하며, 범죄로부터 생명·신체·재산을 보호하고 사회 안녕과 질서를 지키는 제반활동을 말한다.

안전(Safety)은 예기치 못한 위험과 위협이 생길 염려가 없는 우연한 상황을 말한다면, 산업보안은 산업활동에 유용한 기술상, 경영상의 모든 정보나 인원, 문서, 시설, 자재 등을 산업스파이나 경쟁관계에 있는 기업은 물론이고 특정한 관계가 없는 자에게 누설 또는 침해당하지 않도록 보호·관리하기 위한 대응을 할 수 있는 상황을 전제로 한다.

공급망 공격은 어디까지나 고객인 기업이나 개인이 아니라 공급망 자체에 발생된 침해사고를 말한다. 하지만 고객인 기업에도 영향을 미칠 수 있고 공급망 사고로 인해 누출된 데이터와 그 데이터의 영향력, 그리고 공격 의도 등을 분석하여야만 공급망 공격에 체계적으로 대비할 수 있다.

즉, 공급망 공격은 A 기업의 영업비밀을 침해하기 위해 A 기업을 직접 공격하지 않고 원하는 공격 목표 자산에 따라 공급망을 공격하는 것이다.

공격의 방법은 다양하다. 첫째, 공개출처 정보(OSINT)인 자격증명, 응용프로그램 인터페이스(API) 인증에 사용되는 API키, 사용자 이름 등에 대한 온라인 검색을 하거나 구성요소의 취약점을 활용하여 이를 공격하고, 시큐어 셸(SSH·원격 시스템 명령 응용프로그램) 비밀번호 및 웹사이트 로그인 비밀번호를 추측하여 무차별 대입 공격을 하는 방법 등을 들 수 있다.

둘째는 기술적 보호조치를 무력화함으로써 공급망 공격을 가하는 수법들이다.

하드웨어를 수정하고 물리적 침입, 피싱, 가짜 애플리케이션, 타이포 스쿼팅(typo-squatting·URL 주소 속여 가짜 사이트 유도), Wi-Fi 위조, 공급업체의 악성행위를 유도하거나 애플리케이션 SQL(구조화된 데이터 질의 언어) 인젝션(SQL 삽입) 및 버퍼 오버플로(할당된 버퍼 크기 초과)와 같은 소프트웨어 취약점을 공격하기도 한다. 또 악성코드를 주입시켜 직원의 자격증명을 훔치는 원격 액세스 트로이 목마(RAT)와 백도어, 랜섬웨어 같은 스파이웨어를 통해서나, 인증·자동업데이트·백업 등을 신뢰하여 이를 실행하도록 유도하기도 한다. 웹사이트에 악성 스크립트를 삽입해 악성코드 감염을 유도하고 공급업체 사칭 메시지나 가짜 업데이트 등을 통하여 공급망 공격을 하는 경우도 있을 수 있다. 그 밖에도 많은 공격 방법이 있을 수 있다.

첫째의 경우 공급망 시스템에 대한 접근통제, 이용통제 범위를 이용한 수법이기는 하지만 기술적 보호조치를 무력화한 상황은 아니라고 할 것이지만, 둘째의 경우에는 기술적 보호조치를 무력화하고 더 나아가서는 정보통신 기반을 파괴하여 고객사(기업)의 자산을 무너뜨릴 수 있다.

2006년 「산업기술의 유출방지 및 보호에 관한 법률」이 제정된 이후 기업의 자산을 얻기 위한 해커들의 공격은 도를 넘고 있으며, 고객사 공격이 아닌 공급망 공격을 통해 안정적으로 개인정보(고객 데이터, 직원 기록, 자격 증명 등의 정보)를 취득하고자 공격하는 과거의 의도를 넘어서서 분산서비스 거부(DDoS·디도스) 공격으로 대역폭을 사용하고자 한다.

또, 지불데이터, 판매 데이터, 재무 데이터, 비행 계획, 지식재산 등을 아예 처음부터 목표로 하거나 고객제품의 소스코드에 접근하여 고객 소프트웨어 수정 등을 통해 감시체계를 가능하게 하고, 암호화폐를 도용하거나 송금, 은행 계좌를 탈취하고 업데이트, 백업, 검증, 인증서 서명 프로세스를 오용시키는 등 공급망 공격의 방법이 도를 넘고 있다.

2017년 6월, 대한민국의 웹 호스팅 업체인 '인터넷나야나'의 웹서버 및 백업 서버 153대가 랜섬웨어의 일종인 에레버스(Erebus) 리눅스용 변종에 일제히 감염된 사건의 경우 해커가 요구하는 13억을 지불하는 비극적 방식으로 마무리되었다. 이처럼 공급망이 공격당하였으나 기업사 입장에서는 얼마나 해킹을 했는지 알아볼 방법이 거의 없는 상태에서 협박을 당하거나 하는 경우에는 얼마나 정보 유출이 일어난 상황인지 알 길이 없다. 그러므로 기업은 공급업체의 코드를 침해하여 공급망 공격이 주로 일어나는 경우에 기업은 자사 또는 타사의 코드나 소프트웨어가 변조되지 않았는지 자주 검증할 필요가 있고 침해사고 분석을 자주 수행하여야 한다.

기업의 입장에서는 공급망 공격이 일어났는지 알 길이 없고 공격이 복잡하고 정교하여 침해사고를 탐지하는 것이 지연되기 쉽다. 그런 만큼 공급망 공격 동향을 항상 주목하고 제품 및 서비스 수명주기 동안 공급망이 관리하는 자산 및 정보를 분류해야 한다. 또 패치 관리 등 사고 발생 시 공급업체와의 계약 변경을 검토할 수 있는 절차를 마련해 두어야 한다.

「정보통신망 이용촉진 및 정보보호 등에 관한 법률」(정보통신망법)의 경우, '이용자 동의 없이 개인정보를 수집한 자, 개인정보 목적 외에 이용한 자 및 제3자에게 제공하거나 제공받은 자, 이용자 개인정보를 훼손·침해·누설한 자, 정보통신망에 침입한 자, 정보통신망에 장애발생하게 한 자, 타인의 정보를 훼손하거나 및 타인의 비밀을 침해·도용·누설한 자'는 5년 이하 징역 또는 5천만 원 벌금에 처할 수 있도록 하고 있다.

또, '속이는 행위에 의해 개인정보를 수집한 자, 직무상 비밀을 누설하거나 직무상 목적 외에 사용한 자'는 3년 이하의 징역 또는 3천만 원 이하의 벌금에, '기술적 관리적 조치 미이행으로 개인정보를 분실·도난·유출·위조·변조·훼손한 정보통신서비스 제공자'는 2년 이하의 징역 또는 2천만 원 이하의 벌금에, '표준화 및 인증을 위반한 제품을 표시·판매·진열한 자'는 1년 이하의 징역 또는 1천만 원 이하의 벌금에 각각 처할 수 있도록 하고 있다.

최근 데이터와 기업 자산의 가치가 증가하고 있는 상황에 비춰 보면 공급망을 통한 침해행위, 즉 행위규제 입법이다 보니 지나치게 형량이 낮은 감이 있다.

「정보통신기반 보호법」은 인터넷 서비스 제공자(Internet Service Provider·ISP)나 통신사와 같은 주요 정보 통신 기반시설에 대한 보호법으로, 주요 정보 통신 기반 시설을 교란, 마비 또는 파괴한 자는 10년 이하의 징역 또는 1억 원 이하 벌금에 처할 수 있도록 하고 있다.

「클라우드컴퓨팅 발전 및 이용자 보호에 관한 법률」(클라우드컴퓨팅법)의 경우, '이용자 동의 없이 이용자 정보를 이용하거나 제3자에게 제공한 자 및 이용자의 동의 없음을 알면서도 영리 또는 부정한 목적으로 이용자 정보를 제공받은 자'는 5년 이하 징역 또는 5천만 원 이하 벌금에 처하도록 규정하고 있다.

많은 공공 데이터를 생성·관리하는 「전자정부 보호를 위한 전자정부법」(전자정부법)은 '행정정보를 위조·변경·훼손하거나 말소하는 행위를 한 사람'은 10년 이하의 징역에 처하도록 하고 있고, '행정정보 공동 이용을 위한 정보 시스템을 정당한 이유 없이 위조·변경·훼손하거나 이용한 자, 행정정보를 변경하거나 말소하는 방법 및 프로그램을 공개·유포한 행위를 한 자'는 5년 이하의 징역 또는 5천만 원 이하 벌금에 처할 수 있도록 하고 있다.

이에 「정보통신망법」상 행위규제 그 자체 외에도, 결과적으로 거래적 가치가 높은 기업자산이거나 「산업기술유출보호법」상의 주요 정보(데이터 포함)를 탈취한 경우 가중 처벌 요건에 넣는 방안을 검토해 해커들의 공급망 공격에 일침을 놓는 강력한 제재가 있기를 희망한다.

메가경제, 2022. 9. 13.

산업보안 ⑪
– 낮아지는 해커 검거율,
산업보안전문인력 고용 지원 법제화가 필요하다

경찰청 사이버수사국이 발표한 사이버범죄 통계자료에 따르면 2014년 정보통신망 침해범죄는 2,291건 중 1,648건이 해킹, 서비스 거부 공격이 26건, 악성프로그램이 130건에 달했으며 그중 검거율은 846건에 불과했다. 특히 해킹은 1,648건 중 540건만을 검거하여 검거율이 1/3에도 미치지 못했다.

가장 최근 통계를 공유하는 2018년 정보통신망 침해범죄 역시 2,888건 중 2,178건이 해킹이었고, 그중 검거율은 584건에 불과했다. 이제는 검거율이 1/4로 더 낮아졌다.

최근 해커들은 킬넷(친러 해커집단)처럼 장기전도 마다하지 않고 특정표적을 집중 공격하기 때문에 2017년 6월의 악몽, 해커가 요구한 13억을 지불하고만 '인터넷나야나' 사건처럼 공격이 시작되면 비극을 정리하기 위해 그들이 협박하며 요구하는 금액을 주기 일쑤이다.

정보통신망사업자는 「정보통신망 이용촉진 및 정보보호 등에 관한 법률」(정보통신망법) 제45조에 따라 정보통신망의 안전성 확보 등의 조치를 하여야 한다.

또한 동법 제45조의2는 정보통신서비스 제공자가 새로이 정보통신망을 구축하거나 정보통신서비스를 제공하고자 하는 때에는 그 계획 또는 설계에 정보보호에 관한 사항을 고려하도록 하고 있고, 제45조의3은 정보통신시스템 등에 대한 보안 및 정보의 안전한 관리를 위하여 대통령령으로 정하는 기준에 해당하는 임직원을 정보보호 최고책임자로 지정하고 과학기술정보통신부 장관에게 신고해야 한다고 규정하고 있다.

현재는 제45조의 3 정보보호 최고책임자 지정에 대해서만 벌칙이 있을 뿐 제45조와 제45조의 2에 따른 안전성 확보 등의 조치를 하지 않으면 벌칙이 존재하지 않는다.

올해 1월, 특허청과 국가정보원은 최근 5년간 핵심 기술의 해외 유출이 121건에 달하고 피해액이 20조 원에 달하자 퇴직 핵심인력을 전문임기에 특허심사관으로 1,000여 명을 5년간 선발하고자 하였다.

이는 중국의 특허심사협력센터 설립 후 특허심사관을 채용한 것을 참고한 것으로 특허심사관보다 급한 것은 국내 산업보안전문인력(해커)을 핵심 기술이 있는 기업이 고용할 수 있도록 지원하는 것이다. 그러나 그보다 더 시급한 인력은 검거 증거를 찾아내는 전문가의 양성이다.

현재는 정보통신망의 안전성 확보 조치라고 하는 의무를 하지 않았을 때 어떤 불이익도 존재하지 않기 때문에 검거율이 낮아지고 있는 이면에는 보안 사고 증거를 찾아내는 전문가의 양성 문제가 지적된다.

암호화 기술은 송수신 데이터를 보호하는 역할을 담당하는 것일 뿐 암호 키를 획득하여 제어권을 탈취하면 데이터 내용들은 즉시 유출될 수 있다. 또한 암호화 기술은 기업에 따라 구매 능력에 맞는 것을 선택하였을 것이기 때문에 정부는 적절한 구매인지 아닌지 위기를 판단하기란 쉽지 않다. 그러나 가장 큰 범죄자는 전기라는 말이 있듯이 빠르게 해커를 감지하는 전문인력이 존재하면 네트워크를 분리해 피해 확산을 막을 수는 있다. 현재 「정보통신망법」은 정보보호 최고 책임자의 지정과 집적된 정보통신시설의 멸실, 훼손, 그 밖의 운영장애로 발생한 피해를 보상하기 위하여 보험 가입을 하도록 하고 있으나 이보다 급한 것은 해킹을 인지할 수 있는 파수꾼인 보안 전문인력의 탐지능력 제고 노력과 빠른 시간 내의 망분리라고 할 것이다.

  낮아지는 해커 검거율에 대응하여 기술의 가치가 높을수록 해킹을 사내에서 인지할 수 있는 전문인력의 고용 필수가 정보보호 최고 책임자의 지정보다 덜 중요한 것 같지는 않다.

메가경제, 2022. 9. 19.

산업보안 ⑫
– 산업기술과 국가핵심기술 정의에 대한 입법적 고민이 필요하다

우리나라는 현재 세계 특허 분야 5대 선진국 협의체인 IP5(Intellectual Property 5, 한국·미국·유럽·일본·중국) 국가로 세계를 이끄는 기술의 경쟁력이 높고 이에 따른 기업의 위상은 나날이 증가하고 있다. 이에 산업기술의 해외 유출도 꾸준히 증가하고 있다. 최근 국가가 제출한 통계를 살펴보면 2017년 336명, 2018년 352명, 2019년 381명, 2020년 345명, 2021년 224명이 산업기술 유출 범죄를 저질렀다.

유형별로는 산업기술 유출 45명, 영업비밀 유출 548명이다. 피해 기업 규모별로는 중소기업이 540명, 대기업이 53명이었다(2022. 2. 20., 아주경제, 상세 참고).

산업기술 유출 사건 90% 이상은 중소기업에서 발생하는 것으로 나타났는데 경찰청 국가수사본부에 따르면 최근 5년간 산업기술 유출 사건이 593건 발생했고, 최근까지 관련자 총 1,638명을 검거했다.

우리나라는 이미 오래전부터 산업기술을 보호하기 위한 입법적 노력을 해 왔다. 1991년 「부정경쟁방지법」의 개정을 통해 영업비밀을 보호 대상으로 설정했고, 2006년에는 산업기술의 유출을 방지하기 위해 「산업기술의 유출방지 및 보호에 관한 법률」(산업기술보호법)을 산업기술에 있어 기본법으로 제정하여 산업기술을 보호하고자 노력하고 있다.

산업기술의 범위가 모호하다는 것이 문제된 2013년 「산업기술보호

법」 제2조 등 위헌소원(헌재 2011헌바39) 이후, 이 법은 해당 조항에서 산업기술의 범위를 보다 명확히 정의했다. '산업경쟁력 제고나 유출방지 등을 위해 이 법 또는 다른 법률에서 위임한 명령에 따라 지정·고시·공고·인증된 기술'만이 산업기술의 대상이 되도록 규정했다.

그러나 여전히 산업기술의 지위에 대한 논란이 존재한다. 매번 산업기술에 대해 공무원이 촉각을 세우고 '지정'이라는 행정행위를 해야만 산업기술이 되는 것인지에 대한 의문이다.

대부분의 특허로 출원된 기술은 산업기술의 해당 산업에 대한 기여도와 상관없이 산업기술이 되므로 그 보호해야 할 범위는 광범위하다. '지정'이라는 행정행위는 ① 인허가나 특허, ② 행정업무의 부여, ③ 지원·육성 대상의 선정, ④ 규제 대상 선정 등을 의미하기 때문이다.

또 하나는 산업기술 전부가 '인증'을 받는 것은 아니고 임의 인증한 기술과 '지정'에 따른 기술의 위상이 동일 선상에 있는 것이 법적 보호범위 자격상으로 맞는 것이냐 하는 의문이다.

'인증'은 검증 및 확인된 결과를 정부의 인증기관 등이 검토해 최종 증명서를 발급하는 과정으로, 제품·시설·서비스 등이 평가기준 또는 기술규정 등에 적합한지 여부를 평가해 안정성 및 신뢰성을 확인하는 절차다. '인증'에는 의무인증과 임의인증이 있다. 그런데 이 법은 '산업기술'을 정의하면서 '지정'과 함께 '인증'도 그 내용에 포함시키고 있어 법적 보호범위 자격 적정성 문제가 제기되고 있다.

산업기술 중 하나인 국가핵심기술은, 유출되는 경우 국가의 안전보장과 국민경제에 큰 악영향을 줄 수 있는 기술로서 일반적인 산업기술과는 구분되므로 더 강력한 보호가 요구된다. 이 역시 국가가 지정·고시해 현재는 73개의 기술이 보호되고 있는데 이와 같이 매번 이 법의 보호를 위해 기술의 '지정' 행위가 있어야 하는지에 대해 의문의 여지가 있다.

2000년 들어 산업기술의 불법 유출이 심각한 수준이었으나 정부는 이것을 수출통제, 인력통제, 인수합병통제, 투자통제 등 어떻게 접근해야 할지 혼란스러웠다.

「(구)영업비밀보호법」(2013년 7월 30일 개정 전 법률)의 처벌대상은 민간기업의 비밀누설로만 한정돼 있어 2006년 10월 「산업기술보호법」을 제정해 국내 핵심기술 등 산업기술을 보호함으로써 국가안전 및 국민경제의 안정을 도모하고자 했다.

이 법은 국가핵심기술을 수출 및 해외 인수·합병의 제한 규정으로 통제할 수 있도록 하는 한편, 산업기술범죄 관련 형량을 최고치로 끌어올려 부정한 방법으로 취득하거나 유출·공개한 자에 대해 15년 이하의 징역 혹은 15억 원 이하의 벌금과 같은 처벌 규정을 두었다. 또 산업기술을 보유한 대상기관에게 산업기술 침해가 우려되는 경우 법원에 그 금지행위의 예방을 청구할 권리를 부여하고 있다.

그럼에도 「산업기술보호법」이 제 역할을 하고 있는지 의문이 제기돼 왔다.

최근 매그나칩 반도체 사례 등에서 보듯, 미국 외국인투자위원회(CIFUS)는 보호해야 마땅하다고 생각하는 기술인데도 우리나라에서는 국가핵심기술 73개 중 하나로 지정되어 있지 않고, 산업기술로 볼 수 있음에도 강력한 통제조치가 없어 미국 방식에 비해 투자통제를 적극적으로 운용하기 어려운 한계를 드러냈기 때문이다.

현재 국가핵심기술을 수출하려는 경우에는 산업통상자원부 장관의 승인을 얻거나 사전신고를 하도록 하고 있으며, 해외인수·합병을 진행하려는 경우에도 마찬가지다. 그러나 이와 같은 조치만으로 국가핵심기술을 보호할 수 있는지 의문이다. 증가하는 산업기술 유출범죄에 유연하게 대응할 수 있는지 재고의 여지가 있고, 무엇보다도 산업기술의 범위를 2013년 위헌소원 이후 지나치게 명백히 한정하고 있다는 문제가 있다.

이를 개선하기 위해서는 '지정'으로 범위를 좁혀 놓은 국가핵심기술 범위 등의 입법적 방식에 다양한 방식의 도입을 검토할 필요가 있다. 내부 산업계의 변화를 체감하고 이를 수용하는 방식으로 운용하는 것이 더 적절하다고 생각된다.

예를 들어 산업기술의 정의를 추상적으로 내리고 때에 따라 지원이 필요한 포지티브(Positive) 방식으로 입법 대상을 열거하는 법규를 제정하며, 산업기술 중 국가핵심기술 여부에 대해 기술의 범위를 명확히 공시하기보다는 내부 위원회 등을 구성해 확인하는 절차 등을 통해 개선할 수 있을 것이다.

메가경제, 2022. 9. 26.

산업보안 ⑬
- 사이버 안보의 헌법적 가치 실현을 위한 기본법 제정이 필요하다

최근 사이버 공간이라고 하더라도 국가 수호 및 국민안전을 보장하고자 하는 안보는 「헌법」상 기본적 가치에 속하는 것으로서 「헌법」에서 안전권 실현 관련 조항과 무관한 것은 아니다.

새로운 위험은 기술의 발달과 함께 지속적으로 나타나고 있으며 이제 사이버 공간에서의 안전 위협도 매우 많은 횟수로 현실적 위험으로 존재하게 되었다.

입법자는 「헌법」에서 구체적으로 위임받은 입법을 거부하거나 자의적으로 입법을 지연시킬 수는 없는 것이므로 가령 입법자가 입법을 하지 않기로 결의하거나 상당한 기간 내에 입법을 하지 않는 경우에는 입법재량의 한계를 넘는 것이 된다. 따라서 입법부작위는 이와 같이 입법재량의 한계를 넘는 경우에 한하여 위헌으로 인정되는 것이다(헌재 1994. 12. 29. 89헌마2).

그러므로 「헌법」상 보장되는 기본권으로서의 안전권 실현을 위한 입법이 전혀 없거나 불충분한 경우에는 입법부작위로 인한 헌법소원심판이나 위헌법률심판의 제기가 가능하다.

현재 사이버 안보와 관련한 법체계가 아주 없는 것은 아니지만 특정 영역의 안전을 위한 입법은 현저하게 부족하다.

「헌법」 제34조 제6항의 "국가는 재해를 예방하고 그 위험으로부터 국

민을 보호하기 위하여 노력하여야 한다."라는 규정은 안전권 보장을 위한 「헌법」상의 입법의무로 보아야 한다. 그래서 사이버 안보와 관련하여 국민들의 생활이 보이스 피싱, 해킹의 위협, 사이버 사고의 증가에도 불구하고 이와 관련한 재해나 위험으로부터 국민을 보호하는 입법이 없다면 입법부작위로 인한 헌법소원도 가능하다.

물론 국민들의 안전을 확보하고 안전을 실현하다 보면 자유의 축소가 생겨날 수도 있다. 즉, 국민들의 여러 기본권이 국민들의 안전의 확보라는 이름으로 기본권 제한의 목적인 국가안전보장이나 질서유지의 목적으로 과도하게 제한될 수 있다. 그래서 안전을 위해 국가는 균형과 자제가 필요하다.

「재난 및 안전관리에 관한 법률」(국민의 안전권과 관련하여 기본법으로 볼 수 있는)에서 사이버 공간의 안전은 포함되지 않지만 사이버 안보와 관련된 사건도 국가적 위기라고 할 수 있다. 그런데 이에 대한 법령들이 체계화되어 있지 못하고 무질서하게 난립되어 있는 실정이다. 그러므로 정보통신기반, 정보통신망, 데이터 관리 체계 전반에서 산재되어 있는 위기에 관하여 단일화된 법으로 일원화가 필요하다. 재난과 재해를 구별하는 법률의 통합과 안전, 안보 위기 간의 상호연계성과 실효성을 확보하여 복잡한 재난 관련 법제를 통합하는 방식의 기본법이 필요하다.

현재 많은 재산, 그중 지식재산, 가상자산, 데이터 등 다양한 재산이 사이버로 옮겨 가면서 시대의 변화에 따른 사이버 안보의 위기를 체감하지 못하고 있는 듯하다. 이에 빠른 시일 내에 국민들을 위하여 사이버 안보의 헌법적 가치 실현을 위한 기본법 제정이 필요하다.

메가경제, 2022. 10. 5.

산업보안 ⑭
– 「산업기술보호법」이 규정한 산업기술보호인력 양성에 대한 적극적 지원이 필요하다

요즘에는 랜섬웨어 소프트웨어 키트를 사서 상대방을 공격하거나 표적인 기업을 장기적으로 괴롭혀 가치가 높은 정보를 빼앗거나 협박을 통해 돈을 갈취하는 등의 범죄 급증 앞에 각 단체와 기업 모두에서 전문 인력이 절실하게 요구되는 추세이다.

정부는 우리 산업을 보호하기 위해 기술보호의 기본법이라고 할 수 있는 「산업기술의 유출방지 및 보호에 관한 법률」(산업기술보호법)을 제정하였고, 동법 제22조 제1항 제3호에는 정부가 산업기술보호를 위한 교육 및 인력양성을 위한 지원 사업을 할 수 있도록 규정하고 있다.

현재 이러한 법적 근거로써 성신여대, 아주대, 인하대, 중앙대, 단국대 관련학과 대학원생들의 전문역량을 강화하는 '산업보안전문인력양성사업'이 수행되고 있다.

최근 미국의 데이터 및 보안 플랫폼 기업 스플렁크가 미국·영국·프랑스·독일·일본 등 11개국 15개 업종의 보안 및 IT 책임자 1,227명을 대상으로 실시한 설문 조사에 따르면, 응답자 87%가 "인력 채용에 문제를 겪고 있다."라고 답했다.

한국인터넷진흥원(KISA)에 따르면, 국내도 올해 정보 보호 전문 인력 공급은 4,229명으로 신규 수요(5,953명)보다 크게 부족하여 2025년에는 모자란 인력이 2,000명이 넘을 것으로 전망된다.

이에 대해 국회는 「사이버보안기본법(안)」 제정 및 「정보통신기반보호법」 등을 개정하여 부족한 인력을 채우겠다고 하였으나 이미 「산업기술보호법」 제22조 제1항 규정에 그 근거가 있으므로 굳이 인력지원과 관련한 기본법을 옥상옥으로 제정할 수고를 할 필요는 없을 것 같다. 또 미국이 「연방 사이버인력순환프로그램법」을 제정하였다고 하여 우리도 이와 같은 법을 고민해야 할 필요는 없을 것으로 보인다.

미국은 국가기반시설에 대한 사이버 공격을 지속적으로 받자 2022년 6월 공공부문 사이버보안 인재 유치 및 양성을 위한 「연방 사이버인력순환프로그램법」을 제정했다. 그런데 우리는 국내 산업을 보호하기 위해 이미 법령이 제정되어 있어 선제적 조치가 이뤄지고 있다. 그런 만큼 이를 바탕으로 지속적이고 보다 고도화된 전문인력 양성지원을 확대할 필요가 있다.

특히 단순히 사이버보안 관련 기술자를 양성하는 것보다 사이버 보안을 해야 하는 다양한 시각을 반영하고 사이버 보안, 즉 산업기술보호인력 한 명 한 명을 전사와 같이 만드는 것이 중요하다. 전체적인 기술거래, 데이터 거래의 흐름을 이해하는 전문가를 키워야만 사이버 보안 대응체계에서 전문가로서 활약할 수 있게 되는 것이다.

현재 사이버 보안을 포함하여 인재 여부를 검증하는 국가공인 산업보안관리사는 실질적으로 정보자산, 문서자산, 소프트웨어 자산, 물리적 자산, 인력 자산, 대외기관 제공 서비스 전반의 가치 있는 자산을 분류하여 정책을 수립하고 보안실무계획을 작성한다. 또한 수시로 보안취약점을 점검하고 보안사고에 대응하며 보안 서비스를 제공할 수 있도록 하는 산업보안 전문 인력이다.

이들은 관리적 보안, 물리적 보안, 기술적 보안(사이버 보안), 보안사고 대응, 보안 지식 경영 전반에 있어 산업적 가치가 높은 기술과 경영상의 정보를 지킬 수 있도록 학습·연구하고 있다.

최근 인구의 감소와 청년층의 자발적 실업 등으로 인력난은 어디나 심각하다. 사이버 안보 관련 인력만을 별도 기본법을 만들어 제정하는 것보다 「산업기술보호법」에 이미 규정되어 있는 전문인력의 양적, 질적 확대만이 추후 많은 정보와 기술 유출 사고에 대응할 수 있을 것이다.

메가경제, 2022. 10. 11.

산업보안 ⑮
- 해커의 양면성 감안한 법령의 체계정당성 확보 필요하다

　화이트 해커와 블랙 해커는 서부영화에서 유래했다. 범법자들은 주로 검은색 카우보이모자를 썼기 때문에 블랙 해커는 범법자를 말하는 것이 되어 버렸다.

　블랙 해커의 증가는 적정한 보안 관련 일자리 부족과도 무관하지 않다. 단순히 양의 문제가 아니라 질적으로 좋은 일자리 말이다. 실제 화이트 해커는 대부분 보안 분야에서 일하고 있고, 그들은 전직이나 전향할 일이 많지 않으므로 안정적 생활을 꾸려 간다.

　최근 들어서는 그레이 해커가 증가하고 있는데 그들은 윤리적으로 행동은 하지만 자신의 단체나 기업을 위해 적극적으로 일하지는 않는다.

　예를 들어 해킹 행위 중 발견한 취약점이 있을 때 사적인 이익을 취하지 말고 의도적으로 빨리 관리자를 찾아 보안 취약점을 통보해야 하는데 이와 같은 일을 미루거나 업무를 게을리하는 것이다. 그리하여 기업들은 사내 그레이 해커를 감시하기 위하여 IT 보안기업에게 비밀리에 버그를 탐지해 주거나 보안 취약점을 탐지해 주는 서비스를 많이 요청한다. 이 경우 실제 사내 보안 담당자가 어떻게 대처하는지 경영진은 시범적으로 해 봄으로써 기술 보호 수준이 어느 정도인지 검토할 수 있다.

　때때로 기본적으로 스크립트 키디(Script Kiddie) 수준의 컴퓨터 프로그램 사용에 익숙한 부류들은 그들의 실력을 과장하는 경향을 보여 주기도 하기 때문에 컴퓨터 네트워크 보안시스템이 잘 갖추어진 기관 등에서 전문적 해커가 기업의 데이터를 사이버 공격할 때 어느 수준의 보안이 대비되어 있는지 알기가 어렵다.

특히 내부 구성원이 불만을 가져 IT 시스템을 파괴하려는 고의를 가지면 매우 위험하다. 그런 만큼 외부에서 의뢰를 받건, 지인들의 특정한 의뢰를 받건, 이런 시도가 있으면 내부적으로 즉시 감지할 수 있는 힘이 사내 보안 담당자에게 존재하여야 한다. 국가는 IT기술의 발전에 따른 IT 보안 고도화를 이해하고 해커들의 윤리를 바로 잡을 수 있는 체계정당성 있는 법제 마련이 필요하다.

현재 「정보통신망이용촉진 및 정보보호 등에 관한 법률」(정보통신망법) 제44조의7 '불법정보의 유통 금지' 제1항에는 "정당한 사유 없이 정보통신시스템, 데이터 또는 프로그램 등을 훼손·멸실·변경·위조하거나 그 운용을 방해하는 내용의 정보", "법령에 따라 분류된 비밀 등 국가기밀을 누설하는 내용의 정보", "국가보안법에서 금지하는 행위를 수행하는 내용의 정보", "그 밖에 범죄를 목적으로 하거나 교사(敎唆) 또는 방조하는 내용의 정보" 등은 유통하여서는 안 된다고 규정하고 있다. 하지만 이에 따른 벌칙은 존재하지 않는다.

「저작권법」에는 기술적 보호조치를 제대로 하지 않거나 무력화하는 경우에 대한 정의와 이를 위반할 경우에 부과하는 벌칙을 규정하고 있다.

「저작권법」 제104조에는 "특수한 유형의 온라인 서비스제공자의 의무 등"이란 제명 아래 "다른 사람들 상호 간에 컴퓨터를 이용하여 저작물 등을 전송하도록 하는 것을 주된 목적으로 하는 온라인서비스제공자는 권리자의 요청이 있는 경우 해당 저작물 등의 불법적인 전송을 차단하는 기술적인 조치 등 필요한 조치를 하여야 한다."라고 규정하고 있다. 이를 위반하면 3천만 원 이하의 과태료를 부과한다.

「저작권법」제104조의2(기술적 보호조치의 무력화 금지)에는 "누구든지 정당한 권한 없이 고의 또는 과실로 기술적 보호조치를 제거·변경하거나 우회하는 등의 방법으로 무력화하여서는 아니 된다."라고 규정하고 있다. 이를 위반하면 5년 이하의 징역 또는 5천만 원 이하의 벌금에 처할 수 있다.

불완전하더라도 해야 할 의무를 아예 이행하지 않는 것(진정 부작위)과, 하여야 할 의무를 이행했는데 불완전한 것(부진정 부작위)에 대한 행위 위법과 동기 위법을 생각해 볼 때 할 수 있는 기술적 보호조치를 다 해야 하는 것이 공격으로 무력화하는 행위보다 결코 가벼운 주의의무라고는 볼 수 없다. 즉 특정 분야의 기술적 보호조치 의무와 기술적 보호조치 무력화 제재 의무의 행위 무게는 유사하다고 할 수 있다.

최근 들어 화이트 해커 자리를 구하기 쉽지 않다. 우크라이나와의 전쟁으로 러시아가 수세에 몰리자 친러 해커들의 경우 러시아에 적대적인 조직들에 디도스 공격을 하기 위한 프로젝트인 '디도시아'를 실시하고 있다고 한다.

디도스 공격은 공격자 입장에서 수행하기가 쉬운 편에 속한다. 게다가 추적의 위험도 거의 없다. 심각한 보안 상황을 야기할 가능성도 적다. 금품을 요구하지 않는 해커들은 메시지 전달 방법으로 사이버 공격을 하고 대개 디도스 공격으로 자신들의 메시지를 전달하려 한다. 이러한 해킹 관련 정보를 국가는 지속적으로 공유하고 관련 법령의 중요성을 인식하여야 한다. 법령은 국민들에게 어떤 행위가 범죄인지 알리는 가장 좋은 홍보수단이다. 해커들이 화이트 해커이든 블랙 해커이든 그레이 해커이든 자신이 어디에 속하든 범죄를 스스로 중지·미수시킬 수 있는 가장 강력한 동기이기 때문이다.

  해커는 IT 보안 담당자이면서 사이버 공격자로서 취약성을 찾아내는 자이기도 하다. 보안 담당자로서 제 역할을 다하는 기술적 보호조치 의무가 사이버 공격인 기술적 보호조치 무력화보다 결코 덜 중요한 것 같지 않다.

메가경제, 2022. 10. 17.

산업보안 ⑯
- 가상인간 앞에서 인간을 돌아보며 인간의 룰은 인간이 결정해야

최근 인간은 아니지만 인간과 다름없다며 인간과 거의 같은 수준으로 보호받고자 하는 것들이 증가하고 있다. 이는 코로나19 이후에 폭발적으로 성장한 메타버스 산업과도 무관하지 않은데 그 안에서 활동하는 가상인간, 아바타의 법적 지위에 대한 고민도 대두하고 있다.

'가상현실'(Virtual reality)은 단순히 가상, 컴퓨터를 활용한다는 의미이므로 오프라인과 동일한 지위로 보아도 무방한 것인지, 가상인간·가상현실·가상자산 등 가상에 대한 개념을 고민해 볼 필요가 있다.

컴퓨터를 이용하는 경우 「형법」은 314조 업무방해나 347조의2 컴퓨터 등 사용사기에서 일반 업무방해나 일반 사기죄보다 더 강한 처벌을 하고 있는 것을 볼 때 컴퓨터라는 도구를 활용한 범죄에 대해 우리 법은 더 강하게 처벌하고 있다.

특히 「정보통신망법」에 근거하여 명예훼손 분쟁조정부에 해당 정보를 빠르게 삭제 조치할 수 있도록 하고 있고, 사람을 비방할 목적으로 정보통신망을 통하여 공공연하게 거짓의 사실을 드러내 다른 사람의 명예를 훼손한 자는 7년 이하의 징역, 10년 이하의 자격정지 또는 5천만 원 이하의 벌금에 처하도록 하고 있다. 「형법」 제307조의 허위 사실에 의한 명예훼손죄가 5년 이하의 징역인 데 비해 벌칙이 더 강하다.

한편 아바타로 누군가에게 손해를 입히는 경우 「민법」은 선량한 관리

자의 주의의무를 다하지 못한 경우에 책임을 지는 방식, 즉 주인이 통제 범위가 가능할 때에만 책임을 묻는 방식을 택하고 있다.「민법」759조에 규정된 '동물 점유자의 책임'과 같이 컴퓨터도 물건에 지나지 않기 때문이다.

메타버스 사업자는 아바타가 자신의 저작물이라고 생각한다. 그러므로 임대차 계약의 법리상 이용자는 이용약관에 동의하고 그에 따라 아바타를 사용한 뒤 두고 가야 한다고 생각한다. 아바타의 주인에게 권리는 사용권에 지나지 않고 사이버 공간 내에서 손해나 권리 침해사실이 발생하면 책임은 오프라인보다 무겁게 인정하는 방식을 선택하고 있다.

그러다 보니 이용약관의 동의조항 등을 통해 가상공간에서 가상인간이 저지르는 일체의 행위에 대해 IT사업자의 책임면책을 하고 있는 약관이 증가하고 있다.

이용자는 해당 영역에서 불공정을 논하기에 앞서 아예 해당 플랫폼에서 사용할 것인지 안 할 것인지 이원적 선택을 할 수밖에 할 수 없다. 이의를 제기했다가는 계정 정지를 당하거나 쫓겨나기 일쑤이다. 즉, 사업자가 일방적으로 정한 룰을 따를 수밖에 없어 스스로 로그아웃하거나 계정 정지, 탈퇴 등의 쫓아냄을 감수할 수밖에 없는 것이다.

이 같은 약관은 이용자 보호차원에서 보완돼야 한다. 계정을 탈취당하거나 여러 가지 특수한 상황을 고려해 가상인간, 아바타가 한 일에 대해 이용자에게 항변할 기회가 있어야 한다.

자율영역이 확대되고 전문가 판단이 미흡한 이러한 분야는 약관승인 제도가 필요하다. 그런데 법은 사업자가 자치를 갖는 영역을 최대한 존중하고자 하고 불공정약관심사를 통해 이를 대응할 수 있다고 믿고 있다.

아바타를 권리의 주체 인간으로 볼 것인가 안 볼 것인가는 많은 생각을 하게 한다. 인간은 무엇이고 재난이나 불행으로 인한 손해는 무엇인지 생각해 보게 된다. 즉, 아바타가 겪는 재난이나 손해를 계정의 주인이 겪는 재난과 손해로 볼 수 있을 것인지 생각하게 만든다.

「지옥」이라는 넷플릭스 시리즈를 보면, 재난을 당하는 사람들이 처음에는 죄를 지어 그렇게 된 것으로 나오지만 결국 그렇지 않다는 것을 설명하면서 현대사회에서 인간 세상의 룰은 결국 인간 스스로 정해야 한다고 경고한다.

즉, 아바타에 대한 법리도 플랫폼 사업자에게 결정하게 하고 입법자들의 손에 맡겨 놓을 것이 아니라 적극적으로 인간과 유사하게 권리와 의무를 가지고자 하는 존재들에 대해 인간들이 토론을 거쳐 합의에 이르러야 한다.

그러므로 아바타를 책임지게 할 때 인간과 같이 지게 할지, 그들이 산출하는 권리와 재산을 어디까지 인정할지 고민하는 것은 오히려 때늦은 감이 있다.

인공지능(AI)의 권리를 인정할 때도 마찬가지다. 그러한 도구를 가진 자들이 더 유리한 지위에서 창작 등을 하는 경우 인간이 도구 없이 창작한 경우보다 더 많은 사회경제적 가치가 창출되더라도 인간과 동일한 수준의 권리를 주려는 우리의 시도는 옳은 것인지에 대한 성찰이 요구된다.

가상인간이 일으킨 것이라고 하더라도 인간의 공포, 불안, 수치심과 같은 감정을 주거나 인간에게 실질적인 손해를 일으키게 한 경우 법은 플랫폼 사업자와 이용자에게 맡겨 놓을 것이 아니라 플랫폼 사업자가 적극적으로 보호조치 의무를 다했는지를 문제 삼을 필요가 있고 결코 침묵해서는 안 될 것이다. 범죄자를 다 잡기 어렵다고 손 놓고 있기보다는 한 명의 피해자라도 더 보호하는 것이 중요하기 때문이다.

최근 아이린과 관광공사 가상인간 홍보대사 '여리지'가 꼭 닮았다는 초상권 침해 논란이 국감에서까지 제기됐다. 이는 기술이 할 수 있는 창작의 한계를 잘 보여 주는 사례라고 볼 수 있다.

최근 카카오톡 사태에서는 주파수와 망을 가져다 쓰는 직접적인 기간통신사업자만 재난관리기본계획을 세우게 하고 빌려 쓰는 부가통신사업자들에 대해선 대비하지 않아서 복구가 늦어진 부분이 지적되고 있다.

아바타와 같은 가상인간의 권리의 의무에 대한 논의를 더는 미루어서는 안 될 것으로 보인다.

우리 인간은 IT기술 앞에서도 모두 평등하고 존엄한 존재이다. 인간이 아닌 가상인간을 IT 관련 법이 제대로 통제할 수 있도록 법리를 세워야 하는 절체절명의 시기에 와 있는 것은 분명하기 때문이다.

산업보안의 관점에서도 관리해야 하는 지식재산의 증가는 보안비용의 증가와 무관하지 않다. 이는 모두 국가와 이용자의 부담으로 돌아가는 만큼 모두의 이해관계가 달려 있다.

메가경제, 2022. 10. 24.

산업보안 ⑰
– 스팸메일 관련 법제의 입법개선을 촉구한다

최근 전화가 오면 끊어져 버리도록 해 실제 존재하는 번호를 알아내는 방식과 같이, 스팸메일을 보내 어떤 이메일 계정이 살아 있는지 살펴보는 방식이 극성을 부리고 있다.

스팸메일이 증가하면서 이러한 스팸메일을 보는 사람들은 내 개인정보가 어디에서 계속 새고 있는지 두려움이 앞선다.

스팸메일은 1970년대 「몬티 파이튼의 비행 서커스」(Monty Python's Flying Circus)라는 영국 TV 코미디 시리즈에서 번(Bun) 씨 부부가 카페에서 음식을 주문하자 모든 메뉴에 "스팸"이 들어가 있었고 옆자리에 있던 고객들도 "스팸(Spam)"이라는 노래를 반복하는 데서 유래했다. 이후 싫은 물건이나 일이 계속해서 반복되어 어쩔 수 없이 이를 받아들여야 하는 현실을 '스팸'이라고 부르게 됐다.

스팸메일은 옵트인 방식과 옵트아웃 방식이 있다. 옵트인(Opt-in)은 수신자의 승낙을 사전에 받아야만 메일을 보낼 수 있지만 옵트아웃(Opt-out)은 발신자 편익을 위해 일단 발송하고 계속 수신할지 결정하도록 하는 것을 의미한다.

스팸메일의 내용을 살펴보면, 성인 사이트와 성인 데이트 서비스, 악성코드, 대출 광고, 대리운전, 사기성 메일과 피싱, 도박 사이트 등의 내용이 대부분인데 고객은 이들에게 이와 같은 스팸메일을 보낼 권리를 준 적이 없다.

스팸메일이 발송되는 과정을 살펴보면 매우 위협적이라는 것을 알게 된다.

먼저 해커는 금전적 이익을 노리는 대상에 필요한 데이터베이스 해킹을 계획한다. 이어 그러한 정보가 있는 IT 시스템의 취약점을 파악하고 네트워크 시스템의 관리자 계정을 얻어 내거나 해킹을 통해 목표대상인 수신자에게 악성코드를 포함한 이메일을 발송하게 된다.

수신자는 착오이든 고의이든 악성코드가 첨부된 이메일을 열고 첨부된 파일을 다운로드받으면 악성코드가 실행되고 이용자의 컴퓨터를 통하여 목표기관의 네트워크가 악성코드에 의해 감염된다. 이렇게 되면 해당 PC는 해커의 통제에 놓이게 된다.

「정보통신망법」 제50조의8(불법행위를 위한 광고성 정보 전송금지)은 누구든지 정보통신망을 이용하여 이 법 또는 다른 법률에서 금지하는 재화 또는 서비스에 대한 광고성 정보를 전송하여서는 아니 된다고 규정하고 있다.

실제 스팸메일의 응답률은 매우 낮으므로 그 피해가 미미하다고 주장할 수도 있지만 해커는 감염된 네트워크를 통해 절취한 데이터베이스를 사이버 범죄 지하시장에 몇 차례 판매한다. 이후 수신자는 업무를 방해받는 수준으로 스팸메일을 꾸준히 받게 되는 것이다.

피해는 여기서 그치지 않는다. 기업이나 기관의 고객 데이터베이스는 내부 직원의 불법적인 협조로 유출되는 경우가 많고, 해커는 자신이 개발한 좀비 시스템을 이용해 원격 명령으로 스팸메일 발송, 컴퓨터 바이러스나 악성코드 유포, 피해자 컴퓨터의 인터넷 통신량 제한 또는 방해,

분산 서비스 거부 공격 등 네트워크를 오염시키고 있다.

　인터넷진흥원의 통계에 따르면 휴대전화 문자스팸 발송의 경우 대량 문자발송서비스, 휴대전화 서비스, 유선인터넷전화 서비스, 웹메시징에서 발신하는 것이 대부분이고, 광고 유형은 불법도박, 불법대출과 주식정보, 대리운전, 성인 광고 순이다.

　휴대전화 음성스팸의 경우 발송경로는 인터넷전화 서비스, 유선전화 서비스, 휴대전화서비스이고, 광고 유형별로는 불법대출, 통신가입, 금융, 성인광고 순으로 나타났다. 이메일 스팸은 국내 발송보다 해외 발송이 더 많은데 해외는 미국, 중국, 대만 순이라고 한다.

　이 같은 음성스팸을 줄이기 위해 스팸 전송자의 이력정보를 공유하여 유선전화서비스의 신규가입을 제한하고, 스팸 발송자가 수시로 유선전화번호를 바꾸지 못하도록 시내전화 및 인터넷전화서비스의 전화번호 변경 횟수를 제한하는 방식을 쓰고 있다.

　또한 발신번호 변작 방지를 위해 동일한 이용자 명의로 각각 가입한 시내전화 및 인터넷전화 간 발신번호를 변경하여 표시하는 경우 '통신서비스 이용 증명원'에 워터마크 표기 등 발신번호 변경절차를 개선하는 방안도 강구하고 있다.

　스팸메일 한번 받은 것이 무슨 그렇게 피해냐고 할 수도 있지만 스팸메일에 대한 강력한 대처의 필요는 산업보안에도 큰 위협이 되기 때문이다. 발송 행위나 악성코드를 심는 행위부터 이런 것이 의심되는 메일 발송 전반에 걸쳐 정보통신망사업자가 제재해 줄 필요가 있는데 이는 국가의 형벌 체계만으로는 사후약방문이다.

　현재는 정보통신망사업자 등이 해당 역무의 제공을 거부하는 등의 필요한 조치를 해야 함에도 이를 제대로 취하지 않은 경우 과태료를 내게 하고 있다. 그러나 과태료는 중소기업 등에는 상당한 행위규제가 될 수 있지만 대기업 등에는 그다지 실효성을 제공하지 못한다.

　그러므로 스팸메일과 관련하여 「정보통신망법」 제50조의 8의 요건을 과정 전반으로 확대하고 종사자와 대표에 대한 강력한 양벌 체계가 요구된다.

메가경제, 2022. 11. 1.

산업보안 ⑱
- 메타버스 보안 위협, 일상의 피난처로 볼 수 없다

가상과 현실의 경계가 허물어 가는 메타버스가 많은 분야에서 일상의 연장으로 훌륭한 역할들을 해 나가고 있지만 여전히 가장 문제되고 있는 부분은 보안 위협이라고 할 것이다.

즉, 가상의 A와 현실의 A가 같은 사람임을 인증하는 사용자인증으로는 실제 사용자인지 확인하는 것이 충분하지 않은데, 미성년자가 부모의 신분을 이용하여 게임을 하는 경우 등에서 실제 가상의 A와 현실의 A가 다른 일이 많기 때문이다.

최근 메타버스 내에서는 사용자 인증에서 더 나아가 지속적으로 커뮤니티를 형성하고 현실의 삶이 확장된다는 측면에서 안면인증 등과 같은 보다 강한 보안이 요구된다.

즉, 아바타 인증의 영역은 이용자가 얼마나 머물고 어떤 아이템을 클릭했으며 누구와 주로 인간관계를 맺는지 실질적인 현실의 확장 측면이 더 강하기 때문에 단순히 게임을 누리기 위한 오락보다는 더 강한 보안경영이 필요하다.

메타버스 보안경영의 위협은 내부에서 스토킹, 사기 등을 범한 아바타에게 현실에서도 동일한 수준의 책임 있는 행위를 하도록 하는 규범적 인간에 맞는 보안을 요구한다. 그러므로 메타버스 사업자에게는 휴먼해킹의 영역에서 접근하여 보다 높은 수준의 보안을 요구하여야 한다.

메타버스 사업자는 플랫폼 사업자로서 공간정보를 관리할 수 있지만, 현실에서 매장의 사업자가 CCTV 등으로 이용자의 공간을 살펴보아 누굴 만나는지 어디에 머무는지 무엇에 관심 가지는지를 수집하는 것은 사생활 침해의 여지가 있다.

그러나 메타버스 내에서 사이버 범죄 등을 예방하기 위해서는 이러한 이용자의 이용 내역을 수집하는 것이 부득이하게 요구되는 부분이 있다. 이러한 근거가 있어야만 사이버 범죄의 증거를 찾아낼 수 있기 때문이다.

메타버스 보안에 있어 위협적인 요소를 적절하게 효율적으로 경영하기 위해서는 어디까지나 사생활의 침해와 이용자의 이용정보 수집의 관계를 해소할 필요가 있게 된다.

효율적인 메타버스 보안은 이상행동 탐지 시스템이라 할 수 있다. 그러므로 사이버 범죄를 예방하고 메타버스 산업을 활성화하기 위해, 메타버스 플랫폼 사업자에게는 현실에서의 CCTV와 같은 역할에서 한 단계 더 나아가 이상행동을 탐지하고 이를 저지할 수 있으며 이의가 제기되면 이를 해소하는 경찰의 역할까지 요구된다.

메타버스 활용과 관련하여 많은 사람들에게 게임과도 같은 과몰입 방지 정책이나 사이버 멀미감 해소를 위한 이용시간 제한 등의 요소가 요구된다고 할 수 있는데, 이와 관련해 메타버스 내 체류시간과 사이버 멀미와의 관계, 당해 정보가 의료정보인지 등의 많은 법적 연구가 필요하다고 하겠다.

메타버스 내에서 보호되는 법익이 가상현실과 다를 바 없다고 했을 때 보안 대상으로 하여야 할 정보는 무엇인지 기준을 마련할 필요가 있다. 가상현실과 실제상의 인증이 최초에만 있어서는 안 되고 매회 이뤄져야 하고, 보편적인 사용자 인증이 아니라 안면인증과 같은 휴먼인증이 되어야 할 것이다.

메타버스는 현재 거울세계라고도 하여 현실의 책임과 같거나 더 가중하게 처벌하는 것이 적절하다는 주장이 많은데 추적하면 안 되는 정보는 메타버스 내에서도 추적할 수 없는 것인지, 또 메타버스가 커뮤니티 외에도 공적인 목적으로도 활용되는데 그저 사적인 영역, 사생활의 침해 법리로 접근하는 것이 적절한지, 이용자의 정보주권을 중심으로 고민해야 할 문제라고 볼 수 있다.

이러한 것들이 해결되면 메타버스 산업은 사이버 범죄의 장소가 되지 않고 활성화될 수 있을 것이다.

최근 메타버스 내 많은 커뮤니티가 '키즈'라고 하는 초등학교 이하의 어린이들의 소통장소로 활용되고 있는데, 부모가 자녀의 교육권을 가졌다는 이유로 자녀가 어느 방에 얼마나 머물렀는지, 어떤 아이템을 구매했는지 등의 정보를 제공하는 서비스를 해도 되는지에 대한 의문이 제기되고 있다고 한다.

메타버스는 때에 따라서는 아이들이 오프라인상 발생할 위험을 온라인상에서 경험하는 훌륭한 교육 장소가 될 수도 있고 청소년들에게 안식처가 될 수도 있다. 그러나 범죄가 발생하는 경우 장소를 특정하기가 곤란하고 입증의 어려움도 있다. 현행 제도인 등급제도 등을 그대로 적용하는 것이 적절한지에 대한 논의가 필요하다.

2000년 이후에 태어난 세대들은 스마트폰 세대라 태어날 때부터 가상현실에 익숙한 세대이다. 그래서 가상과 현실을 혼동하기 쉽다. 그런 만큼 사이버 범죄에 보다 엄격한 책임을 묻고 보안의 수준도 생체인증 이상의 방식을 요구하여 매회 접근제한과 이용제한으로 가상세계 메타버스를 출입할 수 있도록 할 필요가 있다.

또한, 메타버스 보안 위협에 대한 조치가 사후약방문이 되지 않기 위해서는, 평소 하던 행동을 벗어나는 아바타의 이상행동이 탐지되는 경우 본인 확인을 거치도록 하는 수준의 사전예방적인 보안이 요구된다.

메가경제, 2022. 11. 8.

산업보안 ⑲
– 합리적인 비밀관리를 위한
산학연계 산업보안컨설팅 확대가 필요하다

2015년 1월 28일 시행된 개정 「영업비밀보호법」 이전에는 비밀관리성 정도를 '상당한 노력'으로 비밀을 유지할 것을 요구하였는데, 이 기준은 자금 사정이 좋지 못하여 영업비밀보호를 위한 충분한 시스템을 갖추지 못한 중소기업에 부담이 되었다.

이에 개정법은 '상당한 노력'을 '합리적 노력'으로 완화하여 회사의 사정에 적합한 적절한 노력을 하였는지 요구하다가 2019년 1월 8일 시행된 법에서는 이를 개정하여 '합리적 노력'이 없더라도 비밀로 유지되었다면 영업비밀로 인정받을 수 있도록 하였다.

실제 실무적으로 '합리적 노력'과 '단순한 비밀관리'의 차이는 구별하기 어렵다. '합리적 노력' 여부는 해당 정보에 대한 접근을 제한하는 등의 조치를 통해 객관적으로 정보가 비밀로 유지·관리되고 있다는 사실이 누구나 인식 가능한 상태가 유지되고 있는지 여부를 가지고 판단한다고 볼 수 있을 것이다.

비밀로 관리를 한다는 것은 허가되지 않은 자의 접근과 이용을 제한하겠다는 의지를 보여 주는 것으로써 이것이 누구나 인식 가능한 상태인지를 법원이 판단할 때에는 물리적·기술적 관리, 인적·법적 관리, 조직적 관리가 해당 비밀을 어떻게 관리하고자 하였는지 경영자로서 하여야 할 주의의무를 다하였는지 판단할 필요가 있다. 그러나 그러한 조치가 합리적이었는지 여부는 영업비밀 보유 기업의 규모, 해당 정보의 성질과 가치, 해당 정보에 일상적인 접근을 허용하여야 할 영업상의 필요성이 존재하는지 여부, 영업비밀 보유자와 침해자 사이의 신뢰관계의 정도, 과거에 영업비밀을 침해당한 전력이 있는지 여부 등을 종합적으로 고려하여 판단하여야 한다.

판례에서는 고객정보를 영업비밀로 인정하기도 하였다. 직원 4명, 연간매출액 2억 원 정도의 항공권이나 호텔 등을 미리 예약하게 하는 소규모 회사의 소송에 관한 건이었는데, 피고인은 피해자 회사의 이사로 근무하면서 단체 항공권 예약, 현지 호텔 수배 및 예약, 환전, 여행자 보험 가입, 고객 인솔 등의 업무 등을 담당하고 있었기에 고객정보가 영업비밀이라는 그와 같은 사정을 충분히 인식할 수 있었다고 하였다.

즉, 피고인이 퇴사한 직후 피해자 회사는 이 사건 고객정보에 대한 피고인의 접근을 차단하였으나 피고인은 이를 예상하고 퇴사 직전 이 사건 고객정보를 미리 다운로드받았기 때문에 피해자 회사는 영업비밀의 유출을 막을 수 없었다는 것이며(의정부지법 2016. 9. 27. 선고 2016토1670판결) 비밀로 보호해 온 증거로써 다음 세 가지 증거를 제시하였다.

첫째, 피해자 회사가 행사와 관련된 정보(개최 장소, 개최 일시, 여행 일정 등)는 홈페이지를 통해 일반인의 접근을 허용하였으나 고객들의 성명, 소속업체, 직위, 이메일 주소, 휴대전화번호 등이 포함된 이 사건 고객정보는 별도 관리하면서 피해자 회사 직원들에게만 접근을 허용하였다.

둘째, 피해자 회사는 네이버 주소록으로 작성된 정보는 법인 계정으로 관리하였고, 구글 스프레드 시트로 작성된 정보는 초대 기능을 활용, 피해자 회사 직원들만 초대하는 방법으로 일반인 접근을 차단하였으므로 기술적 관리가 이루어졌음을 알 수 있다.

셋째, 네이버 계정과 구글 계정은 모두 피해자 회사의 대표가 관리하였으므로 조직적 관리가 이루어졌다.

퇴직자에 의한 영업비밀 유출은 연구·개발 부서의 직원 또는 영업비밀 관리부서의 직원이 퇴직할 경우 많은 편으로, 이와 같은 비밀을 보호하려면 사전에 영업비밀에 대한 철저한 인수인계를 실시하고 영업비밀 관련 서류 및 프로그램 등 일체를 반납하도록 하며, 집에서 작업한 서류 등의 반납 및 파일 삭제 확인서를 받아 두어야 한다.

그 밖에 영업비밀유지 의무 또는 전직금지의무에 관해 상기시켜 주고, 해당 위반에 대한 관련 처벌규정을 설명해 주어야 한다.

즉, 비밀관리의 수준보다 비밀인지 여부를 알게 했는지가 더 중요한 부분이라 할 것인데, 듀퐁사가 건설 중인 바몬드공장에 대한 항공촬영을 한 사건에서 피고는 원고가 건설현장을 보호하기 위해 울타리나 덮개 등을 설치하지 않았으므로 비밀관리성 요건을 만족하지 못한다고 주장하였다.

그러나 법원은 이는 예측하기 어렵고 방어 불가능한 스파이 행위(항공촬영)를 차단하기 위하여 미완성의 공장을 지붕으로 덮는 것은 거액의 자본지출이 요구되며, 또한 그 정도의 완벽한 비밀관리를 요구하는 것은 아니라고 판시한 바 있다.

대법원은 피해회사가 피고인으로부터 회사기밀유지 각서를 제출받은 사실이 있지만 영업비밀이 저장된 컴퓨터는 비밀번호도 설정되어 있지 않고, 별도의 잠금장치도 없어 누구든지 컴퓨터를 켜고 자료를 열람, 복사할 수 있었다. 또 백업된 CD가 담긴 서랍을 잠그지 않고 항상 열어 두었기 때문에 누구든지 마음만 먹으면 이를 이용할 수 있었던 사실 등이 있어서 피해회사가 기밀유지 각서를 제출받은 사실만으로는 이 사건 자료가 합리적인 노력에 의해 비밀로 유지됐었다고 보기 어렵다고 판결한 바 있다.

이와 같은 점에서 볼 때 기업이 각서 하나로 모두 해결하려고 하는 비밀관리의 수준은 노력을 소홀히 한 것으로 보므로 최소한의 관리는 반드시 필요하다고 할 것이다.

어찌했든 기업비밀이 경쟁업체에 유출되면 영업상 막대한 손해가 발생하고 그 손해는 대부분 되돌릴 수 없다. 비밀관리 요건이 완화되어 있는 현재, 산업보안전문인력에 의한 중소기업들을 위한 산업보안 컨설팅의 확대가 반드시 필요한 이유이다.

메가경제, 2022. 11. 15.

산업보안 ⑳
- IT기술 앞에서 법은 처분할 수 없는 가치를 지킬 의무가 있다

사상의 자유는 역사적 견지에서 보면 최근에 이룩한 자유라고 할 수 있다. 대한민국에서는 지금도 온전히 사상의 자유를 누릴 수 있는지 생각해 볼 필요가 있다. 사상의 자유는 때로는 하지 않아야 할 생각의 결과물을 만들어 분쟁과 전쟁을 일으키기도 하며 육신을 묶는 감옥이 되기도 한다.

모든 사람들이 동일한 사상을 분명 가지기는 어렵고 그래서 사상을 가진 자들이 팽팽하게 대립하게 되는 것은 불가피한 부분이 있다. 이와 같이 인류의 역사는 계급투쟁의 역사였고 진보하는 기술로 그 계급은 기술을 이용하는 자와 기술을 이용하지 못하는 자로 보다 극명하게 나뉠 것으로 보인다.

그중에서도 IT 기술의 속성을 잘 살펴보면 가상의 권력은 이제 현실의 권력과 거의 똑같이 대입되어 가고 있는데 IT 기술은 누가 통제하고 돈을 벌 것인가. 더 이상 현실에서 기회가 없는 자들에게 IT기술은 블루오션이고 부동산이 필요 없는 또 다른 세계를 트윈세계로 만들어 냈다.

그러나 가상이든 현실이든 같은 인간의 행위에 불과하고, 같은 행위에 대한 법적 판단을 모두가 기다리고 있다.

예를 들어 노동자를 대신하고 있는 인공지능(AI)에게 세금을 부과하여 그 세금을 일자리를 잃은 노동자에게 쓰는 특별소비세로 만들어야 한다는 의견이나, 메타버스 내에서 스토킹이나 성범죄도 현실의 성범죄와

다르지 않으므로 동일하게 처벌해야 한다는 주장에 대해 원론적으로 우리 모두 공리주의가 아닌 자유주의를 정의에서 우선시하여야 한다고 말한다.

하지만 트롤리 딜레마에 닥치게 되면, 우리는 누구나 처분할 수 없는 가치, 예를 들어 생명권 같은 권리가 충돌하면, 같게 보는 것이 형평에 맞다고 생각하지만 공리주의적 선택을 지지할 수밖에 없는 상황이 되는 것이다.

한 사회를 이끄는 데 가장 중요한 것은 신뢰이다. 가상과 현실이 다르지 않고 가상에서 책임 있는 행동을 하도록 하는 것은 인간이 인간에게 신뢰를 잃지 않는 최소한의 보안 노력이 필요하다. 즉, 가상에 들어갈 때에는 매회 사용자 인증이 불가피한 것이다.

그렇지 않으면 IT 기술은 범죄를 저지르고자 하는 어두운 인간의 욕망을 자극하여 그러한 방향으로 가속화되는 발전을 가져올 가능성이 높다.

즉, 인간행동의 평등한 확장을 이루고자 한 인터넷 기술을 근간으로 한 IT 기술의 원래 선한 목적은 선한 방법을 통해서 도달하여야 한다. 그리하여 인간은 IT 기술 앞에 연대하여야 하고 공도동망을 미연에 막아야 한다.

기술은 대면적 인간관계를 하게 될 시간을 빼앗아 인간다움을 다 앗아갈 것이고, 기술은 환상을 조작하여 인간을 직간접적으로 착취할 것이다. 20년 후 우리가 기술과 인간과의 질서를 제대로 세우지 못하고 미래를 맞는다면 기술은 인간끼리 싸우도록 더욱 조장하게 할 것이고 아무도 승자 없는 기술에 통제되는 미래가 기다릴 것이다.

즉, 노동만이 인간의 어제보다 더 나은 내일을 담보하고 자유롭게 만들 수 있음에도 우리가 지지했던 노동절약형 기술혁신이 인간에게 비극을 더 많이 가져다줄지도 모른다.

우리의 독단적인 결정으로 우리 후손들이 분노와 고난을 겪게 할 수는 없고 그들이 살아야 할 미래에 기술과 인간의 질서는 그들이 결정할 수 있도록 하여야 한다. 나는 사라져도 역사는 종말이 없기에 우리의 사상은 서로 토론과 소통의 시간이 절실하다.

그렇지 않으면 간첩인지 아닌지 척 보면 안다고 무림사건처럼 우리는 엄청난 오류를 생산할 것이다. 인간은 어떤 문제를 정확히 인지할 수 있다면 개입도 할 수 있고 해결도 하여 우리 인류를 보호할 수도 있다.

때로는 우리 모두가 이 사회의 표준이다. 국회의원의 수준이 우리 시민의 수준이라 할 수 있는 것이다. 어디까지나 샘플정치, 대의제 민주주의의 근간대로 한 사람 한 사람이 「IT법」에 대한 충분한 고민 끝에 어디까지 IT기술이 밀려오는 것을 허용할 것인지 결정하여야 한다.

일개 로봇청소기의 카메라가 여러분의 모든 사생활을 원치 않는 모든 대중에게 가져다줄 수 있는 현실에서 적법한 절차로, 즉 청년들에게 길을 물어 IT 기술의 가이드라인을 정립할 때가 되었다.

이 같은 노력은 우리가 적절한 해법을 곧바로 만드는 데 실패하더라도 후손들은 우리가 제기한 문제에 대해 그 답을 찾기 위해 꾸준히 노력하고 그렇게 기술에게 우리의 가치를 모두 잃지 않게는 할 수 있을 것이라 믿는다.

메가경제, 2022. 11. 21.

「무현, 두 도시 이야기」가 던지는 화두
"진짜 민주주의는 무엇일까?"

이 영화는 상식과 민주주의에 대한 이야기이다.

학교에서 배운 것 같지만 실생활에서는 써먹을 수 없었던 아프고도 사실적인 현실, 아직도 과거와 싸우고 있고 국민들이 여전히 타협할 것과 타협하지 말아야 할 것들이 혼재되어 있는 현재…

지난 2016년 개봉된 다큐 영화 「무현, 두 도시 이야기」(감독 전인환)는 우리가 지향해야 할 목적부터 일치를 보기 위해 반드시 함께 봐야 할 영화이다.

영화는 찰스 디킨스의 『두 도시 이야기』에 대한 인용으로 시작한다.

"최고의 시간이었고 최악의 시간이었다. 지혜의 시대였고 어리석음의 시대였다. 믿음의 세기였고 불신의 세기였다. 빛의 계절이었고 어둠의 계절이었다. 희망의 봄이었고 절망의 겨울이었다. 우리 앞에 모든 것이 있었고 우리 앞에 아무것도 없었다. 우리 모두 천국으로 가고 있었고 우리 모두 반대 방향으로 가고 있었다."

이 영화는 두 무현에 대한 이야기이다. 노무현과 백무현, 그들은 모두 이 세상에 없지만 우리는 그들을 기억해야 한다.

그들의 운명 앞에 아직 목숨이 붙어 있는 우리는, 이 영화에서 삶이란 바다에 떠다니는 동안 죽음이란 파도가 언제 불어닥쳐도 당당한 역사를 후대에 물려주라는 큰 돌 같은 묵직한 울림을 듣게 된다.

"영원히 기억할게."라는 종이배를 적는 노무현 전 대통령의 추모에 이어 포장마차에서 술자리를 가지는 5명의 평범한 사람의 노무현 대통령에 대한 추억으로 이야기는 시작된다. 이후 팟캐스트 '이이제이'의 내용으로 이어지며 평범한 사람들이 주인공이 되어 그를 추억한다.

기억의 파편 속에서 그들의 일치된 기억은 노무현 대통령의 시작이 분열의 시대에 있었다는 사실이다.

노 전 대통령의 말대로, 그는 지역이기주의를 내세워 배지 하나에 연연하던 분열의 시대에 분열과 맞서 하나로 통합하고자 했던 사람이었다.

영화는 그 대칭점에서 또 다른 한 사람을 조명한다. 여수 선거에 나간 고(故) 백무현 후보다. 그는 노 전 대통령의 마음을 헤아리며 감히 운명이라는 표현을 꺼낸다. 운명이란 어쩌면 타고난 기질을 하늘이 주었다면 바꿀 수 없는 부분이 아닐까.

강서구 유세현장에서 청군과 백군처럼 나뉘어 싸우는 장면을 보면 우리가 말하는 민주주의가 현재도 여전히 편 가르기에 지나지 않고 민주주의라는 미명 아래 얼마나 많은 분열이 조장되어 왔는지를 극명하게 보여 준다.

백무현 후보의 말처럼 태풍이 한 번 바다를 휘저어 줘야 고기가 만선이듯이, 우리 인생의 계약서에 이미 삶의 조건부로 되어 있는 고통을 면하고자 사람들은 구태를 계속하며 민주주의의 개념도 자신이 가진 인상대로 그 개념을 유지하길 원한다.

팟캐스트 이이제이의 두 사람을 비롯하여 원탁에서 술 한 잔에 나오는 노무현 전 대통령의 전속 사진작가인 장 작가의 말은 '운명'을 생각하게 만든다.

99명이 안 된다고 말하는 가운데에서 유일하게 된다고 설명할 수 있는 노무현의 용기가 결국 그를 죽음으로 몰고 갔음을 복선으로 알 수 있다는 것 자체가, 그러한 운명을 피할 수 없는 이유였는지도 모르겠다.

열심히 바르게 사는 개인의 삶이 인권의 향상에 기여할 수 있고 더 나아가 주변 사람들에게 꿈과 희망을 주는 삶이라는 믿음을 가졌던 서민 대통령 '노무현', 그는 "정치인이 해야 될 가장 큰 일은 자기가 정말 곧고 바르고 그것도 중요한 일이지만, 사람들에게 꿈과 희망을 주고 그것을 오랫동안 사람들이 본받고자 하고 또 그 사람을 보고 자기의 희망을 가꾸고자 하는 그런 의욕을 갖게 해 주는 동기를 갖게 해 주는 그런 것"이라고 말한다.

그런데 노 전 대통령은 아마도 더 이상 자신이 그러한 존재가 될 수 없음을 좌절하고 그렇게 우리 곁을 떠났나 보다.

버스정류장에서 유세하려다가 사람들이 지나가지 않자 들른 다방에서 아가씨에게 조언을 구하던 노 전 대통령이었다.

"표가 나오는 곳을 보고만 열심히 해야 하냐."라는 질문에 "표 안 나오는 곳에도 '나는 꿋꿋이 너희들을 위해서 봉사한다'라고 해야 한다."라고 그녀가 말하자 노 전 대통령은 그것을 가슴에 새긴다. 그리고 그는 "새로운 시대의 지도자는 서민을 섬기며 봉사하는 자"라고 서슴없이 말한다.

눈치 보고 줄 서지 않고 자신의 능력대로 평가받는 이상사회를 꿈꾸었던 노 전 대통령, 그는 배 타고 어디를 갈 때 노 젓고 키 잡고 하는 일이 욕을 먹더라도 누군가는 배를 탄 모든 사람들을 위해 봉사해야 마땅하다고 생각했다. 의미 있는 도전이든 의미 없는 도전이든 도전을 해야 변화를 하고 사람들이 희망을 가진다고 그는 굳게 믿었다.

'개인의 여러 개의 도전'과 '여러 사람의 여러 개의 도전'이 축적되어 비극적인 개인의 역사조차 하나의 민주주의 에너지라고 헌정했던 노 전 대통령. 그는 매번 져도 사람이 모여 역사를 바꾸는 일이 성공하는 것보다는 실패하는 일이 더 많다고 지금을 사는 우리를 격려한다.

"민주주의 최후의 보루는 깨어 있는 시민의 조직된 힘입니다."

권력에 맞서 당당하게 얘기하고 진리를 연구하여 진리로 칼날을 세워야 한다는 그의 장례식과 오버랩되는 노래 「걱정말아요 그대」를 뒤로, 현재에 안주하면 조선시대 600년처럼 비참한 역사의 최후를 맞는다고 경고한다.

러닝 타임 95분 동안 지루할 틈 없이 두 무현 이야기를 적어 내린 이 영화는 요즘과 같이 어지러운 시대, 반드시 자녀와 꼭 볼 영화라고 추천해 마지않는다. 어떤 가수가 노래하는 가사처럼 지나간 것은 그 자체로도 의미가 있고 새로운 꿈을 꾸면 된다는 노래를 흥얼거려 본다.

마리아로사 달라 코스따 『페미니즘의 투쟁』, 여자를 되돌아보다

마리아로사는 같은 여성으로서 진솔하고 상세한 관찰, 교수로 가기보다는 사회운동가로의 진보성에 대한 집중, 매섭지만 진솔한 집필력 등으로 눈을 쉽게 떼지 못하게 하는 여성이다.

그러한 그녀의 저서 『페미니즘의 투쟁』은 성평등 사회에 살고 있다고 착각하는 현대 여성이 한 번쯤은 반드시 읽어야 할 필독서가 아닌가 생각된다.

여성이라면 누구나 생산이 가능한 자신의 몸에 비해 그 가치를 인정받지 못한 채 소외되고 쓸쓸하며 심지어 고통을 받아도 마땅하다는 생각에 사로잡혀 살면서 원죄를 생각했을 것이다.

그런데 마리아로사는 위대한 문장들로 푸르른 점 하나 찍어 모든 인류의 역사와 기억, 모든 순간을 연결하고 '여성'을 되돌아보게 해 준다.

"자본주의에서 생산되는 다른 모든 상품과 달리 여성이 생산하는 상품은 인간, 다시 말해 노동자이다… 사회적 상황은… 공장의 부속물이 결코 아니며 그 자체로 자본주의 생산 양식에 결부되어 있다."(23쪽)

마리아로사는 사회적 공장의 상태로서 모든 여성들이 사회 지배층의 논리에 따라 때로는 전쟁을 위해 취업전선에서 고된 노동을 감내하고 전쟁에서 돌아온 남자들을 위해 가정으로 비켜나서 부불노동(돈을 지불하지 않는 노동)을 하고 있다고 주장한다. 남성을 가사서비스에서 해방시켜 그들이 자본주의를 위해 더 열심히 일하게 한다는 것이다.

"우리는 여성들과 어울리기 시작했다. 남성과의 관계에서는 여성의 종속을 막을 수 없으므로 더 이상은 남성과의 관계를 참을 수 없다는 사실을 우리가 알게 된 때부터였다. 남성과의 관계에서 우리는 주의력과 활기가 흩어지고, 힘이 약화되며 목표를 제한당했다."(28쪽)

미국의 한 운동 집단이 표명하는 견해로 보면 여성과 남성은 엄격한 노동 분업에 바탕을 두고 서로 상반되는 경험을 하므로 결코 진정한 의미의 공정을 이루기가 어려웠다.

또한 자본주의가 심화되는 과정에서 남성이 가장으로 임금을 벌어 가족이 살 수 있을 때에는 엄격한 노동 분업이 가능했지만, 이제는 기계화 등 여러 가지 이유로 인하여 임금이 자본에 비해 낮아져 그것이 어려워졌다. 남성의 임금이 절대적이지 않기 때문에 남성과 여성 모두 임금을 벌어 가족이 살고 있음에도 여전히 가사노동은 여성의 부불노동 위치에 있게 되는 것은 불공정하다.

오랫동안 여성은 남성에게 종속되어 독창성을 펼칠 가능성, 노동 활동을 성장시킬 가능성을 차단당해 왔다. 그리하여 임금을 받지도 파업을 하지도 않고 가사노동을 하므로 경제 위기로 주기적으로 직장에 쫓겨나는 이들을 모두 가정의 일원으로 언제든 다시 맞아들이게 된다.

투쟁을 위해서는 가사노동에 벗어나는 시간이 필요하지만 투쟁을 통해 여자들은 서서히 대안적 자아를 찾아내게 되었고 가사노동은 죽은 노동으로 소비하는 여성, 경쟁하는 여성, 분열을 일으키는 여성이라는 프레임을 통해 여성을 비하한다.

1970년 이탈리아 페미니즘의 주요한 외형은 가사노동 임금운동과 자기 인식이라고 할 수 있다.

노동 분석에서 출발한 가사노동 임금운동은 남성이든 여성이든 가사노동을 제공하는 자에게 국가가 임금을 지급해야 한다고 주장하였고 가사노동을 강요받는다면 기본조직 단위인 가정을 분쇄하고 여성 스스로 자녀만이 아니라 사상을 낳는 인간성을 찾아야 한다고 주장했다.

사회의 분위기로 모성을 선택하는 것이 사실상 사치가 되었다는 점을 명확하게 접근해야 하며, 노조, 정부, 경영 정책이 합심하여 여성을 희생시키려는 것을 그만두어야 한다는 것이다.

어찌했든 국가가 출생률과 생식률을 통제한다는 것은 무엇보다도 국가가 여성의 운명을 통제한다는 것이다. 그동안 여성은 남성들과 국가를 성립할 때 수많은 저항활동을 했는데 그때에도 여성의 노동은 가장 위험한 정치 업무였지만 정치 조직 안에서 거의 어떤 발언권도 가지지 못했다.

국가가 성립한 뒤에는 남성을 위해 언제나 대량 정리해고 대상이었고 임금도 받지 못한 채 남편의 임금에 딸린 존재로 여겨지던 여성들은 저발전 질병인 비타민 결핍증과 혈액순환 문제로 대다수 사망했다.

여성은 늘 남편과 자식이 잘 먹을 수 있도록 자신은 끼니를 거른 채 잠이 들고, 매우 오랜 시간 서 있고 아주 오랜 시간 손에 물을 담그고 있었다. 그나마 농장 여성은 보수를 받지 않고 지주 아내의 시중을 들어야 하는 악명 높은 관습에서 해방되어 틈틈이 일을 할 수 있고 자기 돈을 얼마간 가질 수 있으며 땅을 이용해서 스스로 무언가를 생산하여 먹을 수 있어서 도시에 비해 시골 여성들의 지위가 보다 높았다.

마리아로사는 이탈리아에서 1963년 결혼과 동시에 해고된다는 조항이 법에서 금지되었지만 대다수 여성이 해고를 당한 이유는 고용 노동자가 많아서가 아니라 여성이 계약할 때 남부에서 온 신규 이주 노동자와의 경쟁에 맞설 정도로 충분한 힘이 없었기 때문이라고 한다. 그 결과 여성은 흔히 혼자 살기 시작했고 남성과 살지 않고 여성들끼리 살며 아이를 갖지 않았다.

전쟁이 나거나 어려운 일이 발생하면 국가는 국민이 자신의 소유물이라는 걸 기억하지만 보통 때 복지에는 인색하고 국민을 키운 여성은 한 번도 일한 적이 없다면서 연금의 대상으로 생각하지도 않았다.

계속된 재생산 거부는 여성의 존중이 없다면 계속될 것이고 가족 강화를 통한 자본을 보다 지능적으로 만드는 일이 없기를 마리아로사는 희망한다. 그럼에도 불구하고 간병인 노동을 포함한 돌봄노동은 여전히 여성의 몫이고 여성의 자율성은 쉽게 실현되기 어렵다.

섹슈얼리티, 출산, 임신중절 등에 대한 폭력적 문제를 중심으로 결국 1979년 12월 18일 유엔총회에서 여성차별철폐협약이 채택되었다.

이후 성노동자에 대한 문제가 남아 있지만 빈곤이나 종속이라는 대가를 치르지 않고 여성이 스스로 자율성을 선택하며 자신만의 삶을 사는 문제는 어려운 문제로 남아 있다.

여성이라면 누구나 산부인과를 두려워한다. 여성과 의학의 관계에 있어 여성의 몸에 관한 주요 정보는 여전히 의사만이 가지고 있다.

1550년부터 1650년까지 여성 10만 명이 극악무도한 고문을 받고 산 채로 불태워졌는데 희생자 대부분이 지역 내 산파로서 여성의 출산, 임신중절, 피임법 관련 지식을 가지고 있다는 죄명을 쓰고 있었다.

여성의 몸과 관련하여 여성은 점점 더 고립되고 성적으로 억압받고 남편의 권위에 복종해야 하며 섹슈얼리티 및 출산 관련 지식과 자기 결정권은 물론 경제적 자립도 빼앗긴 채 자식을 양육하는 사람이 되어야 했다.

특히 여성은 고통스러워야 한다는 이유로 자궁절제술 등을 마취 없이 감내했으며 고통 속에 출산하는 것이 성서의 계율로서 수용되어야 했다. 최근 사정이 달라졌지만 그러한 달라진 분위기와 상황을 남성들이 수용하고 사회체제가 진보적으로 변해서는 아니다.

요즘은 남성들이 아내와 자식을 확실하게 부양할 정도로 임금을 버는 게 점점 더 어려워지고 있어 남녀 모두 불안정한 임금을 받으며 두 개의 임금으로 가족을 부양하고 있고 그 결과 여성은 가사노동을 해야 한다는 의무감을 훨씬 덜 느끼게 된 것이다.

그 결과 여성들은 더 이상 남성의 시선과 기대가 아니라 각자의 정체성을 구축하는 과정에서 자기 자신을 규정하기 시작했다.

비록 정의를 구현하려는 욕구, 인간의 존엄성을 지키고 정체성을 쟁취하려는 욕구에 필연적으로 따를 수밖에 없는 피로감은 있지만 무엇이 지구에서 인류의 생명의 지속을 약속할지 생각해 보아야 할 것이다.

그것이 항상 돈은 아닐 것이라고 마리아로사는 말한다. 그녀는 땅의 재생산 능력 보호와 같이 여성의 능력 보호를 위해, 농민 운동, 어민운동, 토착민 운동, 땅과 맺는 관계를 중요한 문제로 제기하는 여성 네트워크들이 새롭게 인류의 역사에 대해 논의할 때가 왔다고 말한다.

2019년 세계경제포럼이 발표한 성별 격차 지수에서 대한민국은 153개국 중 108위였다. '경제활동 참여·기회'에서는 127위, '여성 고위 임원·관리직 비율'은 142위로 종합 지수보다 훨씬 낮았다. '임금 평등'은

119위였다. '교육적 성취'는 101위였고, '정치 권한'은 79위였다. 대한민국 여성의 현주소이다.

게다가 코로나19의 진원지인 콜센터, 요양원 등의 대다수 노동자는 여성이었으며 'n번방 성착취 범죄' 사건은 성폭력과 성착취를 대규모 남성인원이 모여 기획하고 실행하며 돈을 거래하며 진행했다는 점에서 볼 때 여성의 성을 남성에게 복종시키는 도구로 활용했다.

여성가족부가 있음에도 여성과 가족이 많이 행복해지고 있다는 생각은 들지 않는다. 마리아로사는 그저 한 줌의 흙처럼 한국의 변변치 못한 땅에 젖은 흙을 쏟아 주며 이 책을 통해 말 걸기를 하고 있다.

많은 한국인 여성의 손이 이 책에 하나둘 모여, 여성이 그동안 맺어 왔던 관계 맺기에서 현실적이든 아직 성숙하지 못해서이든 어떻게 해도 포기할 수 없는 것은, 스스로의 정체성과 자율성임을 깨닫기 바란다.

그렇게 이 책으로 채워진 성찰이 뉴욕의 우먼셰어처럼 여성이 가진 수많은 능력이 세상 적재적소에 퍼져 나가길 기원해 본다.

메가경제, 2020. 11. 10.

"죽음 앞에 우리는 평등하다" 일깨워 준 김상철 감독의 「부활」

영화 「부활」(감독 김상철)은 가벼운 영화가 가득한 시대, 마치 긴 여행길을 떠나는 여행자에게 지도를 가슴 주머니에 꽂아 주는 어머니처럼 지혜 한 줄과 같은 우화로 이야기를 시작한다.

"물고기는 바다를 나오면 죽는대…. 즉, 물고기가 바다를 떠나기 전에는 바다 너머 세상을 볼 수 없고, 내가 나온 바다를 비로소 볼 수 있을 때는 이미 그 물고기는 죽었단다…."

영화는 모두 피하고 싶었던 바다 너머 죽음에 대해 확신을 가진 자들에 대해 소개한다.

살아서는 전설이었으며 죽음과 부활을 통해 영원이 되었던 예수, 그리고 예수님의 음성을 듣고 마음을 바꾼 사도 바울, 예수님의 부활을 의심했으나 그것을 넘어서서 신앙을 가지게 되었던 도마와 빈민들에게 아낌없이 자신의 재산을 나누어 주던 세실리아 등, 그들이 죽음을 넘어 신을 향해 담대하고 자유로우며 초점을 잃지 않고 삶을 살 수 있었던 이유는 오직 예수님의 부활을 통해 바다라는 죽음 너머의 세상에 대한 확신이 있었기 때문이다.

「부활」의 포스터를 보면 이탈리아의 바로크 미술 화가인 카라바조(1571~1610)의 작품인 「성 도마의 불신」이 눈에 띈다. 예수 그리스도는 도마(성 토마스, 12제자 중 한 명)에게 옆구리 상처에 손가락을 넣어 확인해 보도록 했다. 그제야 도마는 부활한 예수를 믿었다. 김 감독은 영화 「부활」을 통해 죽음의 성찰을 진실되고 가감 없이 부활의 이름으로 이끌어 낸다.

일반인들은 불확실한 삶을 살아간다. 나는 그들의 확신에 찬 삶이 진정 부럽다. 매일 의심하고 지식의 숲을 가시덤불처럼 조심하고 조심하며 살아가는 나와 같은 일반인은, 오직 믿음으로 삶의 지표를 단순화하고 열정을 퍼붓는 많은 사람들을 보면 어쩐지 위축되기까지 한다.

영화는 부활을 스티그마(Stigma·오명)의 관점에서 우리가 미처 성찰하지 못했던 부분들을 어머니가 아이에게 게살을 섬세하게 발라 주고 징검다리를 통해 물을 건너올 수 있듯이 설명한다.

즉, 삶과 죽음, 어둠과 빛, 상처와 상흔, 부활의 증인과 같은 4개의 테마로 기독교의 논리적 개념을 순차적으로 설명한다.

삶과 죽음

영화는 4대째 기독인 집안에서 태어났다는 이성혜 자매가 2011년 미스코리아가 되어 외적으로는 화려한 삶을 살았지만 한 번뿐인 인생에서 어떠한 가치에 집중해 살아야 하는가를 질문하면서 바라나시(Varanasi, 인도 북부 갠지스강 중류에 위치한 도시)를 향하는 모습을 통해 우리의 인생길을 상징적으로 치환한다.

그녀는 오롯이 걷고 걸으며 생각하여 예수님이 기쁘게 자신의 인생을 예배로 받게 하고 싶다는 생각으로 청소년 사역자에서 문화 사역자가 되어 가는 과정 중 삶과 죽음이 공존하는 바라나시를 찾는다.

그녀는 갠지스강에서 디아(연등)를 띄워 보내는 것을 보기도 하고, 힌두교의 성지 바라나시의 푸자 의식, 신과 의사소통을 하는 의식과 몇 시간 전에는 우리와 함께 살았었던 사람의 화장 모습, 신성한 불꽃인 아그니에 의해 태워져 재가 되는 것을 경험한다.

사람들은 삶에는 조명을 비추면서 죽음은 보기 싫은 것으로 취급하며 어디론가 치워 버려 점차 죽음을 직면하지 못하고 미화되는 가운데 종교의 자리가 현대에서 계속 밀려나고 있는 위기를 보여 준다. 즉 삶과 죽음을 말하는 종교는 사방의 안개에 갇혀 사람들을 만나는 일을 계속 방해받고 있는 것이다.

그러나 종교는 고난과 고통이 먼저라고 말한다. 그리고 우리가 고난과 고통에 대해 어떤 자세를 가져야 하는지 죽음을 통해 우리는 삶의 방식을 이야기한다.

이어령 교수는 "태어난 순간 죽음을 같이 가지고 태어난다는 사실을 우리는 쉽게 잃어버리고 죽음이 죽어 버린 사회가 되었다."라고 비평가답게 말한다.

결국 사람들은 죽음을 고려하지 않을 때 인간은 죽음 앞에 평등하다는 사실을 잊어버리고 오만으로 지상에서 자신의 번뇌만을 벗어 버리기 위해 타인을 배려하지 않고 자신만을 생각하는 이기주의로 귀결되어 예수님과는 정반대의 삶의 방향을 가지게 된다.

어둠과 빛

예수님을 믿는 것은 죽음과 부활을 함께 믿는 것이기 때문에 로마의 화려함 아래 존재했던 '카타콤'(Catacomb), 즉 예수님을 믿었던 사람들이 숨어 살아야 했던 지하의 무덤을 영화는 보여 주면서 기독인의 핍박을 통해 종교 삶의 이정표로 삼았던 사람들을 이야기한다.

바울, 도마, 세실리아와 같이 그들이 믿음을 가지게 된 방법은 비록 달랐지만 그러한 믿음을 실행하기 위해 받아들여야 했던 어둠은 생각보다 훨씬 더 가혹했음을, 영화는 바울이 참해지기 전 갇혀 있던 감옥을 보여 주면서, 도마와 세실리아의 조각상을 보여 주면서 그가 참수형 직전 어떠한 심경이었을지를 헤아리게 한다.

영화에서 가장 감동적인 것은 천정은 자매의 삶이었다. 그녀는 예전에는 죽음이 거리에 있었으나 지금은 죽음이 사라져 버린 시대에 죽음을 암을 통해 정면으로 목격하고 자신의 여정에서 주님이 주신 소명, 자신의 길을 완주해 나가기로 한다.

내 안의 내가 완전히 죽어야 예수님이 부활한다는 것을, 암을 통해 진리에 다가가는 천정은 자매의 행보(항암 80차 진행)는 웃고 있는 모습이 그 자체로 가슴을 울린다.

그녀는 영적 인간의 한계가 어디까지인지 주님께 적합한 질문을 하고 적합한 답변을 얻으며 (질문을 잘해야 답을 스스로 구할 수 있음이다) 자신의 길을 찾아 나간다. 그녀가 택한 삶은 암 환자들에게 복음을 전하는 것, 그들과 똑같은 고통을 가지고 있는 그녀는 "우리는 모두 죽을 건데 차라리 자신은 암에 걸려 참 다행이고 그래서 진리를 찾을 시간을 얻었다."라고 말한다.

어떻게 그럴 수 있을까. 천정은 자매의 미소가 한 줄기의 밝은 빛인 레이저 광선이 되어 영화 상영 내내 나의 모든 감각을 느낄 수 있는 내장을 모두 찔러 댔다.

그녀는 항암환자에게 복음을 전하다가 자신이 남보다 조금 더 치유된다는 것 역시 오히려 남에게는 상처가 될 수 있음을 깨닫고 주님께 온전히 다가갈 수 있게 기도하고 얼마 후 그녀의 암은 재발된다. 나라면 주님을 원망할 것 같은데 그녀는 암의 재발마저도 기쁘게 받아들인다.

그녀의 모습을 통해 우리는 믿음을 통해 못 할 것이 없고 그녀가 구원한 영혼의 평안함을 고스란히 느끼게 된다.

상처와 상흔

이어령 교수는 톨스토이의 명작 『이반 일리치의 죽음』을 말하면서 극심한 고통으로 죽어 가던 주인공이 아들이 흘려 주는 눈물을 통해 구원받는 장면을 설명한다.

주인공은 죽음이 다가오는 병마의 고통으로 주변 사람들이 원망스럽고 오직 슬픔만이 가득한 가운데, 오직 내가 고통스러운 것만 생각했을 뿐 타인에게 내가 주는 고통들에 대해서는 미처 성찰하지 못한 것을 반성하며 그를 향한 뜨거운 눈물 한 방울의 구원을 얻으며 죽어 간다. 이 교수는 이것이 우리 인생의 압축적인 모습이라고 말한다.

그리하여 구멍 나고 상처 난 삶은 흔하여도 그것을 있는 그대로 받아들이고, 그것을 간직한 채 극복하는 인생, 상흔을 간직한 인생은 흔하지 않다고도 말한다.

이는 복음의 자세와도 관련되어 있다. 상처를 스스로 극복한 사람은 그 자체로 백신이므로 다른 사람을 보듬을 수 있는 무궁무진한 치유력이 있다. 영적 성장은 그와 같이 상처를 입은 인간 그 자체로 머물지 않고 그를 극복하는 주님이 주신 인생을 성실하게 사는 자세에 있다고 할 것이다.

부활의 증인

영화는 할 일을 다 마친 형제자매들의 소천, 장례식장의 풍경을 조감하게 하면서 욥은 시험에 든 것이 아니라 주님의 욥을 신뢰하는 강도에 대해 말한다.

결국 믿음이라는 것은 생각이 크고 타인의 아픔을 공감하고 배려하는 영성이 커질수록 인간이 지닌 원초적인 욕망과 이기주의적 속성을 견디고 온전히 인간이 인간성을 회복하는 성장 과정임을 말하는 것이다.

우리는 아무리 돌고 돌아도 죽음에 다다르고 빠져나갈 수 없다. 천정은 자매의 인생을 통해 우리는 복음의 자세와 무모하고도 어려운 도전이지만 사람 속에서 사랑을 전하려는 생의 마지막 순간까지 그녀의 행보를 응원하는 기도를 자신도 모르게 하게 되는 그 마음이 내 안에도 있음을 깨닫게 한다. 천정은 자매와 같은 삶은 흔하지 않다.

그저 나이라는 가지런한 숫자 앞에서 죽음을 보다 더 잘 알고 있다고 오만한 기독인과 비기독인에게 김상철 감독은 천정은 자매를 통한 가정법을 사용하여 매력적인 원도를 준다.

이 영화는 볼거리의 영화가 아니다. 어쩌면 볼거리가 아니라 생각할 거리에 매달리는 영화이다. 미디어 사역이 중요한 시대, 예수의 재난과 천정은 자매의 재난을 원도로 하여 인간에게 종교라는 성수에 서서히 젖어 가도록, 김 감독은 진실되고 가감 없이 죽음의 성찰을 부활의 이름으로 이끌어 낸다.

김상철 감독은 2009년 기독 영상인 「잊혀진 가방」을 감독하면서 활동하기 시작했고, 이어 「중독」, 「순교」, 「제자 옥한흠」에 이어 MBC 성탄 다큐멘터리 「부활」 등을 연출했다.

그는 영상을 통해 죽음 너머의 빛을 소망하며 기꺼이 십자가를 지는 삶의 부활을 목격하는 증인의 삶이라고 증언한다. 그는 기독교가 추구하는 이 같은 세상의 정신을 위해, 미래세대가 저작권이라는 자본가 중심 법제에서 자유로울 수 있도록 콘텐츠를 무상 공유하자는 셀수스협동조합의 조합원으로 활동하고 있기도 하다.

개봉을 앞둔 영화 「부활」은 MBC 성탄 다큐멘터리 「부활」과는 70% 이상 다른 작품인데 그 이유는 이탈리아에서 카메라를 도둑맞았기 때문이다. 그러한 에피소드 역시 신의 뜻으로 받아들인 영화 「부활」은 「원스」, 「지슬」, 「위대한 침묵」 등 인생 영화를 배급하는 영화사 '진진'이 배급을 맡아 더 많은 기독인들과 비기독인들 앞에 상영될 수 있도록 도울 예정이다.

곧 개봉하는 영화 「부활」을 통해 일반인 누구나가 영화 속 카타콤, 푸자 의식, 이어령 교수의 『이반 일리치의 죽음』 비평과 같은 상훈 상징들을 이해하며, 나의 존재가 이 땅에서 사라지는 죽음이 과연 슬프기만 한 것인지 그리고 우리가 살아갈 수 있게 하는 이유는 무엇인지를 스스로 묻게 되길 바란다.

메가경제, 2020. 7. 17.

「아홉 스님」이 주는 육바라밀을 통한 인간으로의 소임

'우리는 지금보다 분명 더 나은 사람이 될 수 있다는 희망'

인간이 사는 세상은 다양한 이해관계가 충돌하는 세상이며 서로의 계산과 이해관계라는 어둠이 혼돈으로 이끌어 정신을 차릴 수가 없다. 그 가운데 존재의 이유를 잃은 중생은 세상을 어쩐지 아무런 붙잡을 것이 없어 등지기도 한다. 여기에 종교의 모습을 한 힐링 다큐 무비「아홉 스님」은 우리가 잊었던 인간으로 살아야 할 모습을 보여 준다.

"사리자(舍利子), 색불이공(色不異空), 공불이색(空不異色), 색즉시공(色卽是空), 공즉시색(空卽是色)"

"사리자야, 물질은 비물질이고, 비물질은 곧 물질이다. 물질은 비물질과 다르지 않고, 비물질은 물질과 다르지 않다. 이 세상에 존재하는 모든 형체는 공이고 형상은 일시적인 모습일 뿐, 실체는 없단다."

영화는 아홉 스님이 머리를 깎는 모습에서 시작한다. 수행자는 세속인과 달리 천막에서 동안거하며 고행의 길을 걷기로 합의하고 무문(문이 없는) 천막에서 새는 비를 맞으며 추운 겨울 일종식(하루 한 끼)과 옷 한 벌로 삭발, 목욕, 대화가 금지된 상황에서 90일을 견딘다. 이 과정에서 육바라밀(보시(布施)·지계(持戒)·인욕(忍辱)·정진(精進)·선정(禪定)·반야(般若))을 행하는 모습을 담담히 보여 준다.

이러한 청규를 어길 시 승적을 박탈당하겠다는 상월선언 이후 음력 10월 15일부터 90일간 정진은 세속에서 하고 있는 많은 사념에 돌 하나를 던진다.

"스님들, 왜 이런 고생을 하시는지요?" 힐링 다큐 무비 「아홉 스님」은 스님들의 90일 수행 과정을 통해 이에 대한 해답을 찾는다.

우리는 어려움이 있을 때 누군가에게 기댄다. 그리고 위로를 기대한다. 하지만 불교는 스스로 정진하여 스스로의 그릇을 빚으라고 말한다. 아홉 스님(자승, 무연, 진각, 성곡, 호산, 재현, 심우, 도림, 인산)은 그와 같이 우리 인간 모두에게 지금보다 더 나아질 수 있는 인간의 모습을 위한 수행을 제안한다.

묵언수행

묵언수행은 육바라밀 중 오직 타인의 배려, 보시(布施)만이 남고 자신은 사라지는 과정에서 언어뿐만 아니라 소리, 표정까지도 누군가를 투영하는 습자지처럼 오직 마음을 닦는 일 외에는 할 수 없게 만든다.

배고픔과 추위, 아픔을 넘어서는 수행

스님들은 비가 샌 뒤, 추위 속에 아예 천막으로 햇빛이 가려짐에 대해, 햇빛이 그토록 그립고 오직 냉기를 막아 주는 물통에 체온을 유지한 채 텐트 안에서 영하 7도라는 추위에 맞닥트리며 실제 추위라는 살아 움직이는 대상과 싸운다.

또한 배고픔이 엄습하자 탕비실에 먹을 것이 없음에도 기웃거리고 싶고 커피믹스 두 봉지에 의존하고 싶어 하는 한 스님의 모습에서, 식탐으로 죽은 목구멍이 밥이 넘어갈 때마다 찢어짐에도 먹고자 하는 아귀와 같은 우리와 다를 바 없는 인간적인 모습을 보여 준다.

그러나 그런 가운데서도 한 스님의 곡물을 끊어 내는 단호함, 가슴의 통증이 왔음에도 응급실에 가면 다른 여덟 스님에게 영향을 끼칠 것이 우려되어 정신력으로 버텨 내는 강인함 속에서 스님들은 지계(持戒)를 다한다. 즉, 스스로 마음을 청정히 하기 위해 받아들인 계율을 깨지 않으려는 온 힘을 다한 무서운 집중력은 보는 사람의 가슴을 통째로 울리고 우리와 같지만 다르고자 노력하는 수행자의 모습에 존경으로 고개 숙이게 된다.

고요함의 진정한 의미

밖에는 야단법석을 행하고, 위례의 공사장 한가운데 천막이라 쉬지 않고 공사 소리가 들려와도 정확하게 수행 시간을 지키며, 똑같은 시간에 똑같이 청소하고 수행의 남는 시간에 요가 등 운동을 함으로써 정신과 육체를 단련하는 스님들의 수행은, 고요함이라고 하는 진정한 의미를 돌아보게 해 준다.

소리에서 벗어나는 인욕(忍辱)의 수행 앞에 아홉 스님은 세상에서 일어나는 모욕이나 고통, 번뇌나 박해를 능히 견디고 참아서 마음을 흩트리지 않고 평안하게 하는 인욕 수행의 진면목을 보여 준다. 그리하여 밖은 시끄러워도 내 마음은 고요한, 세속에서 밖은 아무리 조용해도 내 마음은 시끄러운 상태에서 벗어날 수 있는 것은, 어제와 오늘의 한결같은 정신력에 있음을 강조하는 것이다.

정진이 다른 사람에게 가져오는 영향

  정진이라고 하는 것은 순수한 마음으로 부지런히 수행을 함에도 수행한다는 생각에서 벗어나는 것과 같이 한결같음을 유지하는 것이다. "선원장 스님은 인공지능 로봇수행자이다."라는 찬반투표 대목에서 보다시피 한 치의 게으름도 인정하지 않음으로써 스님들은 그에 힘입어 더 허리가 빳빳하게 앉아 동안거 정진을 한다.

  이러한 정진은 어떤 불평불만도 세상에 남기지 않고 오직 연비의식과 같이 내 몸을 그 자체로 소신공양하는 자세, 자연의 하나로서 인간의 소임을 잊지 않고 나만 다르게 행동하지 않겠다는 계율의 수용 앞에서 가능하다. 그리하여 이러한 선한 영향력은 주변 사람들도 순수한 마음으로 따라 살 수 있는 신뢰를 가져와 함께 정진하며 살기에 동참할 수 있게 만들어 준다.

24시간의 용맹정진으로 가져오는 집착의 사라짐

  24시간 용맹정진으로 들어가는 스님들은 모든 것을 걸고 해 보자는 자세로 생사를 돌보지 않고 눕지 않는 선정(禪定) 수행에 임한다. 그들은 죽비로 졸음을 쫓으며 죽비의 울림에 이어진 자신의 몸의 울림에서 혹독하게 생각을 몸에서 끊어 내며 그리하여 끊임없이 구별하고 차별하는 모든 생각의 장애를 극복하여 집착에서 자유로워진다.

90일의 마지막 죽비가 의미하는 것

  자신을 한 호흡으로 관리하여 첫날과 마지막 날을 하루와 같이 만든 아홉 스님의 정갈한 모습은 동안거 전과 이후가 크게 달라 보이지 않으나 그들은 반야(지혜)를 얻었음을 상징한다.

대웅전에서 부처님 앞에 서서 하나가 되는 길을 택하고 오바라밀을 통해 그러한 반야를 얻은 스님들은 그 모습을 헌혈이라는 상징적인 모습으로 표현한다.

인생은 모르고는 살 수 있지만 앞날을 모두 알고 사는 것은 오히려 재앙이다. 그리하여 회향 길에 우리의 기억은 모두 그렇게 사라지나 보다. 깨달음을 얻은 자는 다시는 세속을 돌아보지 않고 부처님과 하나가 되는 길을 택한다.

도림스님은 90일 후에 세상에 나와 맞았던 햇빛은 그저 단순한 햇빛이 아니라 손이 있어 어루만져 주는 그런 햇빛이었다고 말하며, 인산스님은 왜 눈물이 나는지 알 수 없는 의미의 눈물을 흘리며 첫 출가 시 행자실에서 일주일간 방에 벽만 보고 있은 후 했던 3천 배 때나 흘렸던 눈물과 같은 눈물이었다고 한다.

이와 같이 깨달음과 수행을 통해 초심이라는 순수로 돌아가 마음의 때가 벗겨져 세상과 일체로 살아가는 수행자들의 모습은 우리에게 많은 메시지를 던져 준다.

우리의 세상이 이와 같이 처음 나고 서로의 존재에 감사하며 허영과 관념에서 벗어나 집착에서 벗어나 한데 어우러지던 그 처음과 같으면 얼마나 좋을까. 개인의 수행처럼 사회도 자정작용을 하고 국가도 보편적 법칙이 인정되어 세상의 많은 분쟁과 혼돈이 그래도 조금은 원만하게 조정된다면 얼마나 좋을까.

영화는 아홉 스님의 삭발에서 시작하여 아홉 스님의 동안거한 천막이 해체되면서 끝나듯이, 시작은 있었으나 끝은 없기를 바라는 우리의 마음을 비웃으며 또다시 우리에게 가능성만을 희망의 메시지로 던지며 끝난다. 우리는 영화를 통해 여전히 세속 안에 있지만 아홉 스님의 90일 수행이라는 새로운 이정표를 보고 우리의 때 묻은 얼굴을 세안하고 거울 앞에 맑은 마음으로 앉기 위해 노력하게 해 줄 것이다.

  이 영화는 한때 목사를 꿈꾸었던 윤성준 감독의 입봉 작품으로 종교의 장르를 넘어 일반인 모두에게 쉽게 다가갈 수 있도록 불교를 하나의 김치찌개 레시피처럼 제안하는 어렵고도 쉬운 영화이다. 무소유의 불교를 맛깔스럽게 담근 만큼 윤 감독은 "셀수스와 함께하는 미래의 다큐 감독 선발 공모전" 1위 감독을 한 본모습답게 현재 무상공유 카피레프트 운동을 주도하고 있는 셀수스협동조합의 조합원으로 활동하고 있기도 하다.

  향후 윤성준 감독이 코로나를 뚫고도 다큐의 흥행을 보여 준 저력으로 어떠한 강렬하고 독특한 영화를 만드는 행보를 걸을지 진심으로 기대된다.

메가경제, 2020. 6. 30.

간 회귀본능에서 '용서와 소통의 세계'를 읽다, 선욱현 작가의 「돌아온다」

연극은 가을이 왔나 돌아보면 떠나는 바람과 같이 겨울의 시작을 알리는 눈이 막 흩뿌리는 스산한 시골의 한 식당 '돌아온다'를 무대로 펼쳐진다.

"여기서 막걸리를 마시면 그리운 사람이 돌아온다."라는 글귀에서 말해 주듯이 이 식당에는 누군가를 기다리는 사람들로 가득하다. 그들은 우리네 일반 이웃과 다를 바 없이 욕을 하고 노트북을 하며 전화를 하고 휴대폰 카메라로 인증 샷을 찍고 맛있는 음식을 시켜 먹고 화장실에도 다녀온다.

그러나 그들을 가만히 들여다보다 보면 그들은 결코 흔한 우리네 이웃이라고 보기는 어렵고 도시의 바쁜 삶 속에서는 쉽게 보기 어려운 과거에 사로잡혀 지금 시간을 허송세월 보내고 있는 군상들이다.

작가는 잊혀 가는 현대의 가치를 세 가지로 설계한 것으로 추정된다.

첫 번째 가치, '기다림'

그들은 기다린다. 현대의 인간관계는 달면 삼키고 쓰면 뱉는 가벼운 관계들로 가득하다. 그러나 그들은 상대방이 그들을 어떻게 해도 그저 기다린다. 너와 나는 같은 시간에 마음의 문이 열리지 않는다. 그럼에도 그 문이 동시에 열리기를 기대하고 고대하며 자신이 열려 있음을 알리는 행위로 그들은 이 식당에서 막걸리를 마시는 것이다.

두 번째 가치, '과거'

그들은 과거에 살고 있다. 몸은 현재에 있고 때로는 막걸리를 혼자서 상 앞에서 먹기도 하고 여럿이서 하나의 막걸리를 나누어 마시는 것으로도 보인다. 그렇게 같은 것 같지만 다른 것이 인간이라는 오묘한 생명체이다.

그리하여 현재의 표현은 '식당에서의 기다림'이라는 외부적으로 같은 표현으로 나타나지만 그들은 온통 과거에 사로잡혀 있을 뿐이다.

치매 걸린 아버지를 버렸기 때문에 귀신이 나오는 식당에서 음식을 팔고 있는 사내는 어쩐지 처연하고, 아내를 때렸기 때문에 자신의 목을 매달고 실패하는 사내는 그 못난 모습에서 내 모습을 보기도 하고, 아들을 기다리기 때문에 간암 말기에도 병원을 가지 못하는 할머니와 퇴근만 하면 SNS를 하는 일본 여인은, 모두 다른 이유로 모두 다른 사람을 기다리며 식당을 배회한다.

세 번째 가치, '용서'

"고기의 살과 피를 썬 칼로 두부도 호박도 썰지 말아 주세요." 새로 온 주지스님은 된장찌개 한 그릇 시키면서 칼을 쓰지 말아 달라고 주인에게 말한다.

이 기묘한 대사에서 나는 "옳거니!" 하고 무릎을 내리쳤다. 연극「돌아온다」는 자신이 과거에 했던 행위가 누군가에게는 칼이 되었던 것이 아닐까 반추하는 여정이다.

 그 여정에서 돌아오지 못하는 사람들, 자신이 잃어버린 사람과 그들에게 했던 칼을 뱃속에 기억하고 끊임없이 그 뱃속의 칼이 자기를 겨누어 아프고 아픈 사람들을 하나하나씩 창호지 문에 종이 덧대 나가듯이 그들의 부분적인 유사함을 모아 진짜 돌아와야 할 사람들은, 기다리는 누군가가 아니라 현실 속에 있지만 과거에 있으며 자기 자신의 참인생을 기다리는 그들 자신임을 작가는 영리하게 숨은그림찾기처럼 숨겨 두었다.

 그리하여 무대 한편에 누군가를 잃어버린 사람들이 사연을 써 붙인 게시판을 소품으로 등장시키고 이 소품을 알뜰하게 사용하여 기다림을 연결시키는 작가의 원숙한 터치는, 삼라만상의 모호성으로 덧없는 인생사에 있어 인생을 허비하지 않는 진정한 용서는 온전히 자신의 내면에 있다는 것과 그 칼을 버리듯 없애는 그것만이 세상으로 나아가는 발걸음, 보편적인 큰 세계로 이해하고 다시 재연결하며 확장시킬 수 있는 것임을 말하는 듯하다.

 회귀적 본능, 윤회….

 수레바퀴가 끊임없이 돌아가는 것을 보면 분명 함께 가고 있는 바퀴이건만 그들 사이에 교감이 있는 것은 아니고 운명처럼 말이나 마부에게 끌려가는 형국이다. 그리하여 인간은 잠깐의 함께함을 영원이길 바라는 바람을 간직한 개개의 외로운 존재일 수밖에 없다.

 양 귀신들의 독백에서 집 나간 아내에게 돌아와 달라는 남편의 구슬픈 독백을 듣지 못한 채 "여보, 나 여기 있는데 좀 데리러 와 달라."라는 아내의 구천을 떠도는 대답 없는 독백은 같이 있어도 같이 있을 수 없었던 수레바퀴와 같은 고통이다.

그러나 그 고통은 그들의 존재 이유이고 한 해의 추수를 마치고 겨울밤으로 들어가는 차갑고 시린 인간이 버릴 수 없는 심연의 고독과 존재 본연의 외로움과 맞닿아 있다.

작가는 이 식당을 지키고 있는 음식을 만드는 사내가 많은 사람들의 처지를 지탱해 주고 잘되기를 바라는 디딤돌처럼 보여 주다가, 결국에는 그가 기다린 사람이 돈 때문에 자꾸만 돌아오는 아들에게 뿌린 대로 거두는 법이라는 말로 작별을 통보받고 거울 앞에서 오열하면서 그곳에 있었던 자신의 숙명을 깨닫게 하는 모습에서, 모든 인간이 겨울날 언 땅에 안 넘어지려고 버티고 미끄러져도 일어나며 평형을 유지하려고 했던 자신을 겨냥해 온 원죄의 속박에서 풀려나게 해 준다.

코로나와 대학로….

코로나19로 대학로가 움츠러들까 걱정하며 오지랖 넓은 나는 자주 혜화동 점검에 나선다. 그러나 여가가 늘어나서인지, 선욱현 작가의 고품격 서민연극의 파워가 강한 것인지, 유명 배우들의 콜라보가 좋았던 것인지… 객석은 만석이었다.

인간 누구에게나 회귀본능이 있다. 돌아보면 예전에 즐겨 했던 일, 사람, 관계를 다시 찾아 매달리며 자기 인생을 붙들어 놓고 거기에서 의미를 찾고 있다. 그것은 인간이기에 동상이몽이라고들 하지만 결국 인간으로 완성되고 싶어 하고 인간으로 이해와 용서를 받고 싶어 하는 본능에 충실한 것이다. 벌레가 아니니까.

작가는 굳이 식당에서 파는 제1품목을 마구 걸러지는 술인 '막걸리'로 정했고, 배우는 막걸리를 마시면서 창가의 눈을 바라보며 눈이 쌀알처럼 생겨서 '싸리눈'이라고 말한다. 또한 밥을 낱낱이 먹지 않고 된장찌

개 전체에 말아먹는 모습에서 쌀을 형상화하는 '흰색'의 깨끗해지는 주문을 거는 듯하다.

우리네 특별할 것 없는 삶의 사연들이 몽환적 세계 속 소복 입은 부부의 슬픔으로 치환되지만, 거울 앞에서 눈물 흘리는 사내의 정화과정을 통해 결국 스스로 용서하기 위해 우리는 오늘 하루 열심히 살고 용서와 소통의 세계에 연결되기 위해 노력하는 것이 아닐까 생각하게 된다.

여러 가지 업무로 머리가 지끈지끈하고 내가 했던 과거의 행동으로 현재에서 온전히 벗어나지 못해 생각이 많아지고 있다면, 연극「돌아온다」를 보고 연둣빛 잎사귀가 성숙한 여인처럼 짙어지는 여름이 있는 대학로를 한번 둘러보자.

어차피 우리는 돌아올 거 아니겠는가?「터미네이터」의 아놀드 슈워제네거가 말했듯이! I'll be back!

메가경제, 2020. 6. 22.